MIGRANTE

Soy maya q'anjoba'l, guatemalteco, migrante, hijo, hermano, esposo, padre y emprendedor tecnológico: mis raíces son mi fortaleza y nuestra historia, mi testimonio.

MARCOS ANTIL

MarcosAntil.com

Fotografía de portada: ⓞ yanastar_art

Colaborador: Gustavo Montenegro

ISBN: 978-1-096708-56-8

Para Yana

He de confesar que la vida me ha enseñado que debo ser un servidor. Si en algún momento olvido mi propósito de servicio, la vida me dará soledad.

ÍNDICE

TXUTX, YUJ WAL DIOS

Las montañas se despiertan con neblina en los ojos y hojarasca en las manos, mientras las piedras mojadas les dicen buenos días a los pies descalzos de la niña Lucín Cuxin[1]. Ella se dirige, sendero arriba, para dejar comida al tío León. Él salió a los campos mucho antes que el sol para levantar la cosecha. Bondadoso, siempre defiende a Lucín cuando su mamá se enfada y la quiere castigar por no haber lavado bien la ropa, por no avivar el fuego de leña o por no moler debidamente la masa para las tortillas.

Los pasos de aquella niña —que con el tiempo fue nuestra mamá—, su mirada al atardecer, sus trabajos agrícolas en la montaña y también los suspiros de esperanza sobreviven en la brisa del municipio de Santa Eulalia, Huehuetenango, y sus aldeas, por años, por décadas, porque cuando ya estaba lejos de su tierra, emigrante en Los Ángeles, California, junto con mi papá y nosotros, ella retornaba ya fuera en sueños, o dormida o despierta. Regresaba a las veredas, a los bosques, a los surcos recién arados, como si el tiempo no hubiera transcurrido. De cuando en cuando nos contaba historias de su trabajo en las siembras, los anhelos incumplidos de ir a la escuela, las interminables jornadas en fincas lejanas que revivían en su memoria como si la distancia no existiera, como si la luz de aquellas mañanas se hubiese quedado quieta para siempre; como si ella nunca hubiera salido de Chibal Chiquito, su aldea natal, cuyas casas parecen aretes en cada loma.

Pero la distancia existió y el exilio fue real. El tiempo continuó inexorable, la neblina se disipó en lentos remolinos, se volvió a condensar en tantas mañanas, formó cabezas de animales, flores y rostros que el viento devoró. Los campos sonrieron con sus dientes de maíz en tantos y tantos inviernos que alimentaron la transparencia de los ríos rumorosos, mientras el trigo jugaba a ser mar sobre las laderas.

Mamá soñó siempre con regresar a Santa Eulalia para refugiarse en la humilde casita de paredes de barro y tejas de madera, encender el fogón para iluminar la noche, ver desde el campo al sol salir para dar vida a las siembras y sentarse a contemplar el jugueteo del agua cristalina a los lados del camino después de un aguacero. Pero a la vez

---

[1] Lucía Marcos, en q'anjob'al

supo que aquello no era factible, porque las vidas, carreras y emprendimientos de sus hijos, así como las sonrisas de sus nietos, florecían en el entorno estadounidense, aunque lleváramos con orgullo las raíces de nuestra historia q'anjob'al[2].

Ahora, por fin, está aquí, a punto de ser recibida por la misma tierra que añoró. Mamá, aquí está papá, aquí estamos tus hijos: Andrés, el sabio protector; Juana, que murió a los 4 años pero que vive en nuestros corazones; Leonardo, el paciente guía de grandes metas; yo, Marcos, que llevo en mis memorias y mis pasos esos sueños misteriosos que me relataste; Eulalia, siempre generosa y abnegada; María, cuyo semblante amable encierra una gran fortaleza; Antonio, el entusiasta hombre de familia, siempre con grandes metas; Juanita, la excelente profesional de alma sensible al servicio de los demás, y Abdías, el único que nació en Estados Unidos pero que respira con gran orgullo nuestro espíritu maya q'anjob'al. Todos juntos agradecemos en esta mañana blanca a Dios, a la vida, por haberte tenido, madre.

Es 21 de marzo de 2016. La lluvia es incesante. Cae como si llorara junto a nosotros en tu sepelio. Esta es una despedida, pero también una bienvenida, con este gran retorno espiritual, amado, anticipado, milenario, para hacer realidad tu anhelo de ser montaña, cielo, rayo de sol, piedrecilla, milpa naciente, florescencia y aguacero. Hoy pasas a ser nuestro ángel del cielo.

Ahora eres libre, mamá Lucín. Gracias por compartir tu corazón y dejarnos tanto de ti dentro de nosotros.

Te extrañaremos.

---

[2] Para escribir el nombre de esta etnia indígena se utilizará la grafía recomendada por la Academia de Lenguas Mayas de Guatemala.

1

LOS ÁNGELES, CALIFORNIA

1990: El golpe de vapor fue tan rápido que me fue imposible verlo venir. En la mitad de un instante la nube caliente a presión estaba sobre mí y en la otra mitad ya se disipaba mientras yo me sujetaba el antebrazo adolorido. Seguramente grité, pero no recuerdo más ruido que el de un resoplido mecánico ardiente. Por milagro no me quemé la cara y el cuello, que logré apartar casi instintivamente, pero el ardor relampagueante de la quemadura, que me llegaba casi hasta el hombro, era espantoso, insoportable, penoso, pero dolían más las voces que resonaban en mis oídos.

Fue solo un pequeño pero desastroso descuido frente a la planchadora industrial en la fábrica de ropa donde, a fuerza de insistencia, había conseguido un *summer job*[3]. Aquel era el único trabajo al que podía aspirar un adolescente de 13 años, migrante, maya q'anjob'al, guatemalteco, cerca del *Downtown*[4] de Los Ángeles, a 4,500 mil kilómetros de mi aldea natal, Nancultac, municipio de Santa Eulalia, Huehuetenango, cuya

---

[3] Empleo de verano durante las vacaciones de la escuela.
[4] Centro urbano

tranquilidad añoraba al mirar aquellos interminables *freeways* con diez carriles de vehículos, cuyas apacibles lomas verdes imaginaba mientras vivíamos encerrados en pequeños cuartos de alquiler dentro de conjuntos de apartamentos habitados por otras familias migrantes de Guatemala y del resto de Centro América. Habíamos llegado a Estados Unidos para salvar la vida, huyendo de una guerra que segaba vidas indiscriminadamente en ciudades, pueblos, aldeas y caminos. En aquel traumático y obligado nuevo comienzo nos tocaba, como a tantos miles de indocumentados de Latinoamérica y otros continentes, buscar cualquier oportunidad de trabajo para poder pagar techo y comida.

Mi plan original era que al llegar a Los Ángeles iba ir a trabajar en costura—como lo hacia el resto de mi familia. Para mi gran sorpresa, en Estados Unidos, es ilegal a que los niños trabajen. Mi mamá me dijo que debía estudiar. Cerca del edificio de apartamento donde vivíamos quedaba la secundaria, por lo que lógicamente pensé que ahí iba ir a estudiar. En octubre había terminado el último grado de primaria en Guatemala, y en noviembre viajé para reunirme con mi familia, que ya se había establecido en un suburbio de Los Ángeles. Recién había cumplido 14 años el 4 de octubre, pero todavía no tenía la edad mínima para la secundaria estadounidense, que se guía más por ese factor que por la numeración de los grados. Así que debí pasar tres meses en la llamada *Middle School*. Después entré directamente a los cuatro años de *High School*[5]: un paso que no fue nada sencillo.

Para ingresar a la escuela se debía cumplir varios requisitos: exámenes médicos, vacunas y presentar cierta papelería. Esto último fue un poco difícil para un joven migrante indocumentado. Don Matías Felipe, el pastor de la iglesia "Cristo Pronto Viene" a la que asistían mis padres, les ayudó para dar referencias de la familia y les consiguió cartas de recomendación.

---

[5] Una especie de diversificado estadounidense que tenía una duración de cuatro años.

2

Aquel gesto desinteresado fue el primer gran espaldarazo para integrarme al sistema escolar estadounidense. Pero que en aquel momento yo no lo veía así. Después de unos cuantos días, las ganas de estudiar se hicieron polvo: la escuela me resultaba una aburrida, sobrepoblada y absurda prisión.

Era una tortura ir a clases.

No tenía amigos.

Era un idioma diferente.

Estaba totalmente desubicado, perdido. Me sentía relegado.

No quería estar allí. Deseaba ganar dólares, tal como lo contaban familiares de migrantes allá en el pueblo.

Ansiaba trabajar y cobrar un sueldo por hora, como lo hacían mis hermanos mayores, Andrés y Leonardo, junto con mi padre, Marcos Andrés. Ellos pasaban largas jornadas en las plantas de confección de ropa, coloquialmente conocidas como factorías, instaladas en barrios periféricos, para sostener a mi madre Lucía y mis hermanos, para pagar los "biles" — cuentas del gas, de la electricidad y para pagar deudas. La necesidad era tanta que hasta mi mamá tuvo que buscar un empleo en otra factoría.

Yo quería ganar dinero para comprarme ropa, zapatos tenis, gorras, un *walkman* y también para gastarlo en los *arcades*, aquellos locales alucinantes donde se concentraban decenas de maquinitas de videojuegos. Allí, el tiempo volaba: entrabas de día y salías de noche. Se podía pasar horas a bordo de una nave espacial, de un auto de carreras o brincando obstáculos digitales sobre pantallas de mundos irreales.

Mi principal cómplice en aquellas incursiones era mi primo Marcos, a quien también le pusieron este nombre por la misma razón que a mí: porque de ambos abuelos, uno paterno y otro materno, había apellido Marcos. Por eso, para distinguirlo le llamábamos Maco.

Fueron ratos divertidos e inolvidables en medio de sonidos de disparos, puntos devorados, balaceras inofensivas y personajes derretidos. Aquello era tan hipnotizante, por no decir adictivo, que una vez me gasté más de 40 dólares entre *Mortal Kombat*, motocicletas a toda velocidad y guerreros solitarios que morían una y otra vez, pero bastaba con meter otra *cuora*[6] para continuar peleando contra inexplicables enemigos que se reían al "matarme". Otra moneda, otra vida, y así hasta que se acabaran.

Maco fue para mí como un hermano en aquella soledad de destierro. De pequeños, cuando estuvimos en Santa Eulalia, vivimos tardes divertidas, compartimos nuestras ilusiones, descontentos, búsquedas, sueños… y también en la adolescencia, en Los Ángeles. Cuando llegué a la edad de obtener permiso para manejar auto, fue él quien me enseñó a conducir. También aprendimos inglés juntos; nos inscribieron en clases que recibíamos por las tardes para agilizar nuestra integración al sistema educativo de Estados Unidos.

Por eso lo lloré mucho cuando se nos adelantó. Un cáncer se lo llevó cuando apenas tenía 26 años. Nunca olvidaré su sonrisa mientras corríamos de vuelta a las maquinitas hipnóticas, a escondidas de nuestros padres. Sabíamos que el regaño era seguro, que nos jalarían las orejas, pero no importaba….

—¡Estudiá! —me repetían mi papá, mi mamá, mis hermanos y mis tíos, pero yo no quería. Odiaba las clases porque todas las materias se enseñaban en inglés y, aunque la mayoría de los alumnos eran latinos, yo no entendía absolutamente nada.

La única asignatura que me gustaba era matemática porque los números y sus operaciones aritméticas, algebraicas o geométricas resultaban una especie de lenguaje universal, aunque no las veía como algo que fuera a

---

[6] Pronunciación coloquial en ingles de "quarter", la moneda de 25 centavos de dólar estadounidense.

ser realmente útil para mi vida futura, excepto para contar el dinero que ansiaba ganar.

—¡Yo quiero trabajar! —le decía a mi familia—. ¡Consíganme un trabajo en la factoría!—. Pero debido a mi edad y a las leyes laborales de Estados Unidos, no podían darme un empleo fijo. Había que esperar las vacaciones escolares del verano, que van de junio a agosto, lo cual francamente se hizo interminable.

Por fin, un día mi papá, que muy probablemente sabía lo que iba a ocurrir, me dijo:

—Está bien, ya arreglamos todo para que tengas un empleo de verano.

En la fábrica donde ellos trabajaban no había plazas vacantes, pero el tío Palín[7] me consiguió una en la fábrica, donde él trabajaba.

No podía entrar a las labores mejor pagadas, como cortar telas o coser piezas de pantalones y camisas, pues, debido al tamaño de la maquinaria, las labores resultaban demasiado pesadas y minuciosas para un adolescente como yo, aunque para entonces ya me creía todo un hombre.

Tuve que elegir entre *trimear* —recortar los hilos y trozos de tela sobrantes— o planchar las prendas terminadas. Escogí operar la planchadora a vapor porque la tarea se limitaba a colocar las piezas terminadas sobre una base, bajar la prensa y soltar sobre ellas el calor: un resoplido hirviente que las dejaba listas para el empaque.

Aquello era pan comido para un muchacho tan listo como yo. Además, lo pagaban mejor en comparación con *trimear*.

Mentalmente hacía los cálculos de lo que ganaría en 2, 4, 8 horas; en 2, 4, 8, 16 y más días. ¡Qué fácil! y sin tener que repasar las odiosas lecciones, escuchar al aburrido profesor o entregar tareas.

---

[7] Bernabé, en q'anjoba'l

Creo que mi mamá se asustó cuando supo que mi padre decidió dejarme tomar el empleo, y si acaso estaba enterada del plan, lo disimuló muy bien.

Yo había acompañado en algunas ocasiones a mi papá y hermanos a ver lo que hacían en la fábrica, así que tenía totalmente dominado, en mi mente, el uso de la plancha.

Los coreanos, dueños de las plantas, eran bastante exigentes, y muy gritones, sobre el rendimiento del tiempo: *time is money*[8]. También vigilaban mucho la calidad de las piezas, pero nada de eso sería problema para mí. Sobre todo, porque en el último año que viví en mi pueblo, en la escuela parroquial de Santa Eulalia, impartieron talleres de varias ocupaciones y yo había tomado la clase de sastrería, así que me sentía con el conocimiento suficiente para hacer cortes de tela y también usar máquinas de coser. Claro, las del pueblo eran de pedal, mientras que en aquella fábrica eran eléctricas y muy veloces.

Nadie me gana en esto, pensé. Colocaba el pantalón, presionaba el pedal, venía el soplido caliente, listo y a repetir el proceso del otro lado de la prenda. Una manga, la otra, al revés y de nuevo. El siguiente pantalón o una camisa. Da lo mismo. ¡Qué sencilla manera de ganar dinero!, pensé. El primer mes pasó volando. Los dólares me deslumbraron.

No sé en qué estaba soñando. Quizá estaba haciendo la cuenta de los días que faltaban para regresar a la escuela. ¡Ya falta poco y no quiero ir a clases! me repetía a mí mismo cuando algo me devolvió a la realidad: un chorro de vapor que se me vino encima. ¡Ay, Dios mío!

¿Qué hice? ¿Qué pasó? ¿Levanté antes el pedal?

---

[8] *El tiempo es dinero*, frase atribuida a Benjamín Franklin, prócer estadounidense (1706-1791), incluida en el libro *Consejos para un joven comerciante*, de 1748.

Por puro reflejo alejé la cara, pero el accidente ocurrió en fracción de segundo. En un instante mil abejas me picaban en todo el brazo. Lo tenía enrojecido. El dolor hasta el cuello y cerca de la oreja era espantoso.

El patrón coreano, habituado a la exactitud sin demora ni excusas, empezó a gritar. No entendía su idioma, pero me quedaba muy claro su enfado y según la dirección en que apuntaba su dedo deduje que no quería problemas y ordenaba que me largara. El tío Palín intentó explicarle, pero finalmente me avisó que no podía seguir trabajando allí, primero por la quemadura y segundo, porque su jefe le dijo que yo estaba despedido.

El regreso a casa fue un suplicio. Lloré todo el camino a causa del dolor en el brazo, pero más por el golpe en el amor propio. La caminata, el trayecto en autobús y el otro tramo a pie por aquellas largas cuadras angelinas debió servir para que se calmara el sufrimiento, pero eso no ocurrió.

Lo único que me daba aliento era pensar que mi familia me llenaría de cariño y palabras de consuelo. Esperaba los abrazos de mi mamá, como una reminiscencia de aquellos días cuando con frecuencia me enfermaba y hasta me cargaba como un bebé a pesar de que ya tenía unos 5 años. Asumí que por ser un muchacho obrero y por haberme quemado accidentalmente, mis papás y hermanos sentirían lástima de mí.

¡Qué si no! Nadie me consoló.

Uno tras otro, se limitaron a decirme que si seguía con mi terquedad de trabajar en lugar de estudiar, aquel tipo de lesiones y dolores era lo que me esperaba:

—¡Esa quemadita no es nada, ocurren cosas mucho peores en las fábricas! ¡Así que te aguantás y dejás de chillar! ¡Nadie te esta pidiendo trabajes!

—Eso te pasa por desobediente.

—Ojalá así aprendas a seguir los consejos.

—¡Te lo dije!

Estoy convencido de que a mi mamá se le partía el corazón al verme así y sentía ganas de consolarme, pero no lo hizo. Nadie lo hizo.

A los pocos días se reventaron las enormes ampollas que se formaron en el brazo y el dolor empeoró. No podían vendarme porque la gasa se me pegaba a la herida. Me aplicaban crema, pero era como si me echaran sal.

—¡Pero si solo fue un instante de vapor y cómo me quedó lastimado todo el brazo! —exclamaba yo, con lágrimas.

No había postura cómoda posible para dormir. En un descuido me rozaba dolorosamente la sábana. Fueron insomnios que me encerraban en un laberinto de enojo conmigo mismo.

Lentamente, en el silencio de la madrugada, aquel accidente me ayudó a descubrir otro rumbo para mi vida; a escuchar de una forma nunca antes experimentada las voces de mis padres.

Mi rebeldía absurda me llevó a darme cuenta de las consecuencias.

Me lo dijeron tantas veces:

—¡La fábrica de ropa es muy dura, mejor estudiá para lograr un empleo con mejor paga y sin tanto riesgo!

—¡Estudiá y podrás ganar un mejor sueldo por hora sin matarte tanto!

—¡Esforzate por estudiar; nosotros te apoyaremos para que tengas un mejor futuro!

Hasta en sueños escuchaba el eco de la voz de mis padres diciéndome lo mismo en una llanura del pueblo, en un edificio altísimo o en alguna calle desconocida que se movía extrañamente.

No sé por qué durante tantos meses creí que aquellos consejos eran mentiras, que querían manejar mi vida, que yo era libre y podía decidir correctamente sobre mi propio porvenir. De hecho, esto último era posible, pero no tenía todos los elementos de juicio y por tanto no estaba preparado para tomar la decisión correcta. Típico adolescente.

Los días restantes de las vacaciones no fueron nada placenteros, pero me sirvieron para pensar que las tareas complicadas de la escuela, las prolongadas explicaciones de los maestros, unas cuantas horas en un aula no eran prácticamente nada en comparación con la extenuante labor de una fábrica de ropa, y quienes laboraban allí lo hacían por una imperiosa necesidad.

Creo que no estaba respetando la valentía de tantas personas que permanecían en ese trabajo, por años y años, a falta de otro tipo de oportunidades.

—¡Mejor voy a estudiar! —les anuncié a mis padres y a mis hermanos mayores—. ¡Prometo que me esforzaré para ganar los grados, pero que se me quite ya el dolor de esta quemadura!

Mamá y papá solo sonrieron.

Tan pronto comenzaron las clases, regresé a la secundaria prácticamente convertido en alguien más. Quería aprender a cambiar mi mundo, a encontrar otro horizonte mejor para mi existencia y la de mi familia, quería respuestas frescas, amplias, profundas, pero, sobre todo, quería hacer nuevas preguntas para resolver nuevos problemas.

De alguna manera aquel accidente que me quemó la piel del brazo también incineró mis ideas infundadas, infantiles y caprichosas.

En la vida no hay atajos.

De los errores hay que aprender.

En unas cuantas semanas la lesión cicatrizó y me creció nueva piel, pero esa experiencia me marcó y me sigue dando la oportunidad de convertirme en una nueva persona con el paso de los años.

Yo soy Marcos Andrés Antil, empresario de mercadeo digital, fundador de la compañía XumaK en Estados Unidos que ha tenido oficinas en Los Ángeles, Miami, Colombia y también en Guatemala, con clientes en más de 26 países, entre los cuales se encuentran empresas del *Fortune 500*.

Soy hijo de Marcos Andrés, nieto de Marcos Andrés y bisnieto de Marcos Andrés, el cuarto de nueve hermanos, nacido en una familia de la etnia maya q'anjob'al. A los 5 años me salvé de morir a la mitad de la niebla gracias a que mi mamá, Lucín Cuxin, en una situación de extrema carencia, no dudó en vender su ropa para poder pagarle a la curandera que me salvó la vida.

Soy el que a los 14 años, cruzó indocumentado la frontera sin la compañía de un familiar, como tantos miles de menores lo hicieron en aquel entonces por la guerra y hoy lo siguen intentando para huir de la pobreza, el hambre y la violencia criminal. Soy el que al estudiar en la *High School* de Los Ángeles California deseaba llegar a ser abogado o médico y a quien le apasionaba estudiar las ciencias políticas, pero por no tener entonces recursos económicos ni un estatus migratorio formal, prácticamente se le vedó el acceso a la mayoría de las universidades; soy el que, al laborar como simple ayudante de jardinero en los fines de semana, encontró un inesperado *link*[9] hacia la industria tecnológica.

Esta es mi historia.

---

[9] Vínculo o conexión

2

CON EL OMBLIGO EN UN ÁRBOL

Nací a las 2 de la mañana del 4 de octubre de 1976 en la aldea Nancultac[10], en las montañas del municipio de Santa Eulalia, Huehuetenango, a unos 2,400 metros sobre el nivel del mar y a 340 kilómetros de la capital de Guatemala.

Santa Eulalia es un poblado q'anjob'al con más de trescientos años de historia, asentado en una cima donde alguna vez hubo un sitio ceremonial prehispánico pero que lleva el nombre de una santa barcelonesa del siglo III, cuyo nombre etimológicamente significa "la que habla bien".

Las primeras noticias de este poblado datan de la época colonial, hacia el siglo XVI, como una comunidad de campesinos y comerciantes con intensa actividad de intercambio con los poblados q'anjob'ales vecinos como San Juan Ixcoy, Santa Cruz Barillas y San Rafael La Independencia.

El recorrido en vehículo desde la capital de Guatemala hasta la cabecera departamental de Huehuetenango dura cinco horas por carretera

---

[10] Significa "entre cerros".

asfaltada. Desde ahí hasta el pueblo, otras tres horas. En otra época, cuando el camino era angosto, de terracería y con tramos que solo se podían pasar a pie o a lomo bestia, el viaje podía demorar hasta dos días.

Del centro de Santa Eulalia se debe transitar media hora en vehículo todoterreno hasta Nancultac. En una ladera iluminada por el sol de las tardes todavía existe la pequeña casa de adobe —bloques de barro y paja— pintada con cal, donde mamá Lucín me trajo al mundo.

Llegar hasta mi infancia toma tan solo un instante de la imaginación, pero recordar toda la historia, los rostros, dificultades, caídas, huidas, llegadas y alegrías resulta un largo y sinuoso camino, con resbalones en el lodo y tropezones con las piedras invisibles del tiempo.

Obviamente yo no recuerdo nada del día en que nací, pero mi padre me cuenta que pasaron despiertos desde la noche anterior, mientras mi mamá, adentro de la casa, afrontaba la labor de parto. No había electricidad ni comunicación telefónica, excepto una estación de telégrafos en el centro del pueblo.

Los indicadores de atención materno-infantil en Santa Eulalia continúan hasta este 2019, entre los más bajos del país. ¡Cómo serían hace cuatro décadas!

Como la tradición lo dictaba, a punto de llegar una nueva vida al mundo, se encendía una hoguera en el patio y llegaban los vecinos para acompañar a los padres. Traían las tradicionales panes llamados shecas[11] y preparaban café para alimentar la conversación durante la espera. Realmente no era café de grano, sino una bebida de sabor parecido, elaborada con tortillas quemadas y hervidas.

A mis hermanos Andrés, de 6 años, y Leonardo, de 2, se los llevaron a otra casa mientras yo nacía. Hubo otra hermana mayor, Juana, quien para entonces habría tenido 4 años, pero falleció tiempo antes de que yo naciera.

---

[11] Panes hechos con trigo cultivado en la región, con un toquecito de anís

Una anciana comadrona que, desde hacía meses seguía el embarazo de mi madre, con paciencia y sabiduría, le sobó el vientre para colocarme en la posición correcta, aunque creo que le costó un poco lograr eso pues yo era muy inquieto desde antes de nacer. También le dio infusiones naturales para facilitar la dilatación y aminorar un poco el dolor de parto.

En las últimas semanas, Mamá Lucín evitó el sol fuerte de mediodía como lo marcan los consejos ancestrales para tener un buen parto. También tenía prohibido cargar objetos pesados o moler maíz en la piedra.

Se encerraba a puerta cerrada en la casa cuando empezaba a marcharse la tarde pues caminar de noche podría tener un efecto negativo. Tampoco miró directamente la luna llena porque de haberlo hecho, yo habría nacido bizco, según cuentan los abuelos.

En esta aldea campesina, atravesada por el río que también se llamaba Nancultac, pasaron tantos vientos, tantas hojas y flores, tantos fuegos en la cocina de mañana y tarde, las nubes cruzaron de ida, vuelta y revuelta, la lluvia cayó, nos mojó y se regresó al cielo ante los ojos de tanta gente que vivió aquí desde hacía siglos.

Aunque yo era el cuarto hijo, mi papá me contó que él estaba nervioso, como si se tratara del primero. Él no sabía si iba a nacer nene o nena, pues en esos tiempos no había forma de descubrirlo antes del parto. Igual, le alegraba.

De repente, el rumor de la gente se desvaneció y todo fue silencio entre los montes, en la alborada del 4 de octubre. Ya había dejado de llover y se oyó el llanto característico de un recién nacido.

—¡Es varón! —dijeron.

Me contaron que yo traía el cordón umbilical enrollado en el cuello. Según la comadrona, aquello era señal de que tendría una misión especial en la vida: ella proclamó con un susurro en el oído de mi madre que yo estaba destinado a ser guía, a ayudar a mis hermanos de sangre y hermanos de tierra.

Mamá Lucín también había tenido varios sueños que así se lo anticipaban, pero en aquel momento estaba agotada y se quedó dormida. Se sintió feliz de verme respirar y agradeció a la vida, como lo hizo con cada uno de mis hermanos, por haber visitado otra vez aquella casa.

A los pocos días de haber nacido, se me cayó el cordón umbilical y rápidamente cumplieron con otra antigua tradición: lo tomaron cuidadosamente, le amarraron un cordel y con una vara lo colgaron de un árbol cercano a la casa, para que nunca olvidara el lugar donde vine al mundo, pero también para que nunca dejara de crecer, soñar, florecer.

A veces pienso que mi ombligo lo colocaron en una rama demasiado alta debido a que era tentación irresistible para mí treparme a cuanto árbol o risco se me ponía enfrente. Muchas veces me di fuertes somatones.

Me encantaba escalar las lomas verdes para después lanzarme de ellas como de un resbaladero, o bien, bajar a grandes saltos por los barrancos como si creyera tener alas. Aterrizaba con la cara, las rodillas, andaba con los codos raspados o el pantalón roto.

Fue un tiempo feliz en la aldea, aunque a menudo me enfermaba del estómago o de la tos. Mis hermanos mayores eran mis modelos a seguir. Andrés es el sabio de la familia, el primero en nacer. Él era el que debía poner el ejemplo de buen comportamiento, de respeto, de trabajo. Y siempre lo ha hecho.

Leonardo, el segundo, era mi mayor cómplice de aventuras y también mi leal protector. Era un excelente futbolista; su equipo solía ganar los campeonatos municipales gracias a sus goles, pero también era un excelente estudiante. ¡Inspirador!

De Juana, la tercera, no sé más que lo que mamá y papá me contaron de ella. No llegué a conocerla porque murió antes de que yo naciera. Aún así, su ausencia es sensible y existe en nuestros corazones.

Después de mí nació Eulalia, quien lleva el nombre de nuestro pueblo y de mi abuela paterna. A ella le siguieron dos hermanos y dos hermanas más: María, quien lleva el nombre de mi abuela materna. Después nació Antonio, quien lleva el nombre de otro abuelo por parte de mi papá, y por último nació Juana, a quien nombraron en honor de mi hermana mayor, que falleció años antes, pero para distinguirla le decimos Juanita. Ya en Estados Unidos, nació Abdías, un nombre bíblico que mi mamá había escogido de acuerdo con su fe.

Convivíamos en la sencilla vida del campo, sabíamos mirar estrellas, perseguir ardillas, beber agua del rocío y capturar luciérnagas. Nuestras existencias tenían el sabor de las tortillas y las comidas de mamá. Nuestros pasos seguían los consejos, experiencias y reglas de papá.

Si se le podía ayudar en algo a alguien, se le ayudaba; se debía decir buenos días a cada persona que encontráramos por el camino, y, después de comer, siempre había que dar las gracias. Ante los ancianos se debía inclinar la cabeza para que nos dieran su bendición. En aquella fértil tierra situada en la Sierra de los Cuchumatanes comenzaron a germinar nuestros valores y sueños.

3

ADIÓS SANTA EULALIA

La gente felicitó a mi papá por mi nacimiento. Ahora éramos tres hermanos varones, él y mi mamá, viviendo en aquella pequeña casa de adobe en medio de un campo cultivado, cuyos surcos parecían dibujarle una sonrisa a la ladera. Desde allí se divisaba el río cuya transparencia era tal, que se le veían las piedras del fondo.

Dos años después nació Eulalia y nos mudamos hacia el centro del pueblo, sobre todo para que mis hermanos y yo pudiéramos estudiar la primaria en la escuela oficial.

Mis padres sabían lo importante que es la educación en la vida de las personas, precisamente porque ellos nunca pudieron asistir a un aula. Aquel traslado fue un cambio radical, casi el equivalente de pasar del campo a la ciudad. Conocimos más gente, nos sorprendían tantos vehículos, grandes y pequeños, que transitaban entre jinetes o vendedores de leña cargada a lomo de mula.

Empezamos a oír nombres de pueblos y aldeas, no solo de Guatemala sino también de México, especialmente Tapachula, en donde mi papá trabajó como jornalero en varias fincas cuando todavía era soltero. Vivir en el pueblo fue una experiencia novedosa: subirnos en la parte trasera de los picops o de las camionetas por varias cuadras era una travesura usual; jugar fútbol en la calle era el entretenimiento predilecto de las tardes. El mercado fluía de vida, de voces, de verduras y frutas de tantos colores; traían a vender juguetes, pelotas de fútbol, ropa, cobijas, zapatos y muchas cosas más. Podíamos comprar cinco bananos por un *len*[12].

Mi papá nació en 1943. Se llama Marcos Andrés, así como yo, como mi abuelo y mi bisabuelo. Nunca conocí al abuelo, porque se marchó muy pronto: murió joven, posiblemente a causa de las fiebres que atacaban a los jornaleros temporales de fincas de la Costa Sur, en donde pasaban de seis a ocho meses al año trabajando en las extensas plantaciones de algodón y banano.

En esa región tropical, de calor sofocante y fuertes aguaceros por las tardes, era común la malaria, transmitida por el sinnúmero de zancudos, aunque la enfermedad a menudo se manifestaba cuando los obreros ya habían retornado a sus pueblos, en lugares montañosos y por lo regular alejados de centros de atención médica, que de por sí era escasa. Los antibióticos prácticamente no existían.

Con su fallecimiento se quedaron desamparados él y su mamá, pero para terminar de complicar la tragedia, mi bisabuelo los expulsó del terreno que habitaban. Les decía que se lo había heredado a su hijo pero que como había muerto ya no tenían nada que ver con él, así que los echó.

Mi papá todavía cuenta esa parte de su vida con tantos detalles y emoción que pareciera haber ocurrido ayer. Por eso aquí les dejo su voz, su memoria, su sentir, su testimonio, tal como lo relató alguna vez:

"Recuerdo que allá por el año 1952, se murió mi papá. Era campesino, trabajador, buena gente, sonriente, servicial. Sólo estábamos mi

---

[12] Len: guatemaltequismo que significa centavo.

mamá y yo. Para ajuste de penas, mi abuelo nos sacó de la casa donde vivíamos. Decía que no había derecho a herencia, que ya sin su hijo no éramos nada de él y nos teníamos que marchar.

Mi mamá buscó un lugar donde quedarnos. Era un rancho muy humilde. Recuerdo que la pobrecita trabajaba en lavar ropa, barrer, sembrar y cosechar; hacía muchos trabajos desde la madrugada hasta entrada la noche para poder pagar donde vivir y para que tuviéramos algo de comer.

¡Pobre mi mamá! Luchó tanto y yo quería ayudarla, pero siempre me decía que solo era un niño.

Sin embargo, su respuesta no me detuvo. Por eso cuando tuve 10 años decidí marcharme del pueblo. Solo yo. Mi objetivo era encontrar un trabajo para poder ayudarla. Debía ser lejos de casa, porque para todos los vecinos yo solo era un niño.

En la oscuridad del amanecer salí del rancho. La luz de la luna me acompañó. Mamá ya se había ido a trabajar. Estaba lloviznando, el frío de siempre se sentía más intenso y el camino apenas se divisaba entre la neblina.

Empecé a dar pasos sin voltear a ver. No porque tuviera miedo; pensaba en lo que iba a sufrir mi mamita cuando no me hallara. Pero tenía que marcharme para buscar la vida. Mi papá ya no estaba y yo era el hombre de la casa. Mi obligación era trabajar, ganar dinero y salir adelante. Él me la encargó antes de morir.

—Cuidá a tu mamá —me dijo.

Pensé que él se iba a curar, que despertaría al día siguiente pero ya nunca se levantó. Alguna vez, papá me contó que estuvo trabajando en la capital, Guatemala, que siempre había oportunidad de cargar bultos, de ser ayudante de albañil o de barrer los patios de las casas.

Caminé rápido para que nadie me descubriera. Si me preguntaban a dónde iba y les decía que me estaba marchando de Santa Eulalia, seguramente me regresarían para entregarme a mi mamá.

—Yo te voy a ayudar mamá, pensé. Por eso me voy.

Quise llorar, pero no lo hice. Lo primero que tenía que lograr era llegar a Huehuetenango. Caminé de prisa, pero sentía que mis pasos eran demasiado pequeños. Apenas se distinguían las vueltas del camino lodoso. Iba descalzo, temblando, solo con mi *capixay*[13], que ya estaba empapado.

El sol del amanecer no calentaba nada. Sus rayos eran una extraña señal de esperanza que me animaba a seguir. De repente escuché que venía gente por el camino. ¿Qué hago? ¿Esconderme? ¿Pedirles ayuda? ¿Y si me regresan al pueblo?

Eran dos señores a caballo.

—¿A dónde vas niño?, ¿qué hacés tan lejos? —me preguntó, uno de ellos.

—Voy para Huehuetenango porque allá trabaja mi papá, les dije. En mi mente le pedía perdón a Dios por decir esa mentira, pero no quería que me llevaran de vuelta.

—¿Y cómo se llama tu papá?

—Marcos Andrés.

—No lo conocemos, debe ser de los Antil[14] de las aldeas. Dejalo que se suba al caballo porque a pie nunca va a llegar. Mirá que ya pronto cae la noche.

Y era cierto, porque me dolían los pies. No sabía cuántas horas llevaba caminando. Sin comer. El día se estaba terminando y solo sabía que ya estaba lejos. Ciertamente no sabía dónde me encontraba.

---

[13] *Capixay* es la prenda tradicional de los varones q'anjob'ales, una especie de poncho de lana negra que cubre la parte superior del cuerpo

[14] *Andrés*, en q'anjob'al

Me subí en la grupa del caballo y avanzamos. Pasamos por San Pedro Soloma, luego subimos otras montañas y bajamos a San Juan Ixcoy. En uno de esos pueblos nos quedamos a dormir, pero no recuerdo en cual. El viaje siguió al día siguiente.

Nunca las había visto tan cerca aquellas montañas, tan blancas, tan verdes, tan brillantes. Los hombres juntaron fuego y me dieron atol de maíz quebrantado y pedazos de tortilla. Eran buenas personas. Con los años he pensado que tal vez eran espíritus enviados para ayudarme.

Al final del segundo día, desde una gran cumbre se veía un pueblo a lo lejos.

—¡Allá está Chiantla y cerca está la cabecera de Huehuetenango, mirá! —me dijeron. El sol de la tarde estaba rojo y no calentaba nada. Me alegré tanto y me llené de esperanza. Bajamos por una vereda escarpada.

Me preguntaron si sabía la dirección de la casa donde trabajaba mi papá y yo les dije que sí.

—Está bien, ándate con cuidado pues, patojo[15].

Me dejaron en la plaza del pueblo.

Me senté a esperar.

¿A esperar qué? No sabía a dónde ir. Solo pude pensar en el espíritu de mi papá y pedirle que me ayudara.

Miré a la gente, a los niños con sus mamás, a los señores de sombrero que se saludaban. No recuerdo quién me dio de comer, pero comí. Creo que fueron los caballeros quienes me compartieron algo antes de irse. Iban para otro pueblo. Yo me dormí esa noche en el resquicio de una puerta.

Me despertó un grito:

—¡A Guatemala, a Guatemala, sale bus para la capital, arriba señores!

---

[15] Niño

No tenía dinero, pero sabía que allí era donde quería ir. Me subí y quizá pensaron que iba con alguna de las señoras que abordaron con canastos de verduras o los señores que amontonaron sus costales de café o maíz. Nunca me había subido en una camioneta.

Ir a bordo era una sensación extraña. Comenzó otro camino. No sé cuánto viajé. Dormí. Volví a despertar y vi montañas distintas. Escuché lluvia y la vi estrellarse en los cristales. Creo que alguien me regaló un pedazo de pan, pero era todo como un sueño de sacudidas. A cada momento quedaba más atrás mi casa, mi pueblo, mi tierra.

¿Podría regresar alguna vez?

¿Volvería a ver a mi mamá?

Otra vez sentí ganas de llorar, pero no lloré. Solo me dormí con el zarandeo del camino y el monótono ruido del motor".

4

EL NIÑO PERDIDO Y HALLADO

—Papá sigue contándonos. ¿Qué pasó después? ¿Al fin llegaste a Guatemala? ¿Qué hiciste ahí solo?

"Cuando desperté, el paisaje de montañas ya no estaba allí. Todos los pasajeros estaban bajando del autobús, con sus canastos, sus sombreros, sus grandes manojos de verduras o sus costales de maíz.

—¡Están servidos señores, llegamos a la capital! —dijo el piloto.

Me bajé rápidamente y nadie me preguntó nada, como si fuera el niño de alguna de las señoras, como si fuera el hijo alguno de los comerciantes, como si supiera exactamente qué camino tomar.

Pero era todo lo contrario: estaba solo, no conocía a nadie ni tenía idea de a dónde ir. Las calles de la capital eran anchas, extrañas y todas se miraban iguales; algunas estaban empedradas, otras no. Las casas eran grandes, altas y ajenas. Mis pasos eran pequeños, sorprendidos y un poco asustados. Estaba atardeciendo otra vez. No sé cuántas vueltas di entre cuadras desconocidas hasta llegar a muros de adobe. Me regresaba. No tenía idea de qué hacer. La noche se avecinaba helada.

Recordé el frío de mi aldea, cuando mi mamá me esperaba con un atol de maíz caliente pero aquí el hambre no tenía respuesta y la sed solo me recordaba que estaba realmente lejos de mi aldea. Aquí nadie me conocía y mi nombre no significaba nada.

Pero también pensé que había logrado llegar a la capital de Guatemala y que no había hecho tan largo y difícil camino para venir a darme por vencido. Recuperé valor y seguí caminando. Y rezando.

Vi más muros, más puertas, rostros desconocidos. ¡Padre, ayúdame!

¿A qué gente le preocuparía saber quién era yo, un niño q'anjob'al de 10 años que apenas hablaba unas cuantas palabras en español, en la capital de Guatemala, en 1953? Mi papá me enseñó varias frases y expresiones que aprendió en las fincas: Buenos días... Buenas noches... Gracias... Quiero trabajar… y otras más. Pero ¿a quién hablarle?

En serio comencé a angustiarme. ¿Qué locura había sido aquella de escaparme solo? Dentro de mí había temor, confusión y mucha hambre. Pensé en mi padre como un gran espíritu de luz protectora y resistí con todas mis fuerzas el impulso de llorar.

Anocheció. Comencé a caminar en una calle que me pareció más iluminada. Deambulé hasta el cansancio. Sé que fueron muchos pasos porque nuevamente me dolieron los pies. Esta vez no hubo jinetes que me alcanzaran en el camino.

Me senté en una enorme puerta de madera. No pasaba casi nadie. Vi salir las estrellas. Quizá esperaba que mi papá me dijera algo… pero no me dijo nada. Se quedó enterrado allá en el pueblo. Comencé a quedarme dormido en el marco de piedra de ese portón.

—¿Qué hacés allí sentado? —me preguntó un señor— ¿Donde vivís? ¿Dónde están tus papás?

No le entendí bien.

—Quiero trabajar —le dije.

Se sonrió, miró para todos lados como buscando a alguien. No venía nadie.

El señor me dijo su nombre, pero no me acuerdo ya cual era.

—¿Tenés hambre? —Me preguntó—. ¿Cuál es tu nombre? ¿Y tu familia? ¿Te perdiste?

—Buenas noches —le dije.

Sin duda vio que mi ropa era indígena. No sé si se notaba en mi cara que no había comido nada en todo el día.

—Venite —me dijo. Y lo seguí. Caminamos a su casa. Allí estaban sus hijos, su esposa.

—¿Y ese niño, de quién es?

Me metió a la cocina y mandó que me dieran de comer. Frijoles, queso, tortillas, café.

—¡Tranquilo, come despacio que la comida no se va a ninguna parte!

Casi me atraganto porque la verdad no sé cuánto pasé caminando sin rumbo por la capital. No recuerdo bien si fueron unas horas, si fue un día o tal vez tres.

Después me acomodaron un lugar para dormir.

Y dormí. Soñé que mi mamá regresaba del campo y me abrazaba.

¡Ya es hora de levantarse!, me decía.

—¡Ya es hora de levantarse! —repitió la voz, pero no era ella, era el señor que me recogió de aquella calle donde nadie más venía. Tiempo después pensé que quizá había sido otro espíritu bueno enviado por mi padre.

—Yo no tengo cómo darte trabajo —me explicó—, pero tengo un amigo que busca un patojo[16] que le ayude a barrer su taller. ¿Sabés barrer verdad?

---

[16] Niño

—Sí —asentí con la cabeza.

Me sirvieron desayuno y el señor me dijo que me cambiara ropa. Tal vez era de un hijo suyo la que me dio. Esto hay que lavarlo, o hay que tirarlo. No recuerdo qué pasó con mi viejo capixay de lana negra.

Caminamos hasta el lugar donde estaba el amigo. Era un señor muy serio. Hablaron. Le dijo que yo buscaba trabajo, que no tenía familia ni a donde ir, pero que sabía barrer, limpiar, cuidar y que decidiera él cuánto me pagaría.

Para empezar, el amigo me dijo que tendría comida y techo; que me iba a pagar unas monedas a la semana por mantener limpio su área de trabajo. ¡En aquel tiempo, hasta las monedas valían mucho!

Su trabajo era reparar radios. No recuerdo su nombre. Por más que busco en mi memoria no lo encuentro. Qué pena, debería recordarlo pero es imposible. Le llamaré señor Ángel.

En su taller había cajones de madera y piezas sueltas de radios, tubos de vidrio, tornillos, pedazos de alambre, trozos de cordel y un olor a quemado.

No sabía qué era aquel conjunto de objetos y herramientas, pero poco a poco fui aprendiendo que los tubos de vidrio eran válvulas electrónicas que servían para demodular las señales de radio en AM, que las pitas servían para reparar el mecanismo que al girar sintonizaba las emisoras, que los alambritos rojos eran de cobre y que los pedacitos plateados eran de estaño.

Ese estaño se derretía con el cautín caliente y así se soldaban los alambres a la placa o a la bocina. No lo aprendí rápido, pero de tanto ver, día tras día, al señor Ángel arreglar aparato tras aparato, hacer pruebas de corriente y de señal, aprendí.

Siempre tenía trabajos pendientes. Me encantaba ver las distintas formas de los radios. Yo los ordenaba y también ponía en su lugar los destornilladores, las tuercas y los alambres. Al final de la semana me dio veinte centavos para que comprara lo que quisiera, pero yo los guardé.

Me quedaba a dormir en su taller. Me dio ponchos para taparme y me regaló más ropa. Por la noche podía encender un radio. Giraba la perilla sintonizadora y encontraba música o a veces hablaban personas en idiomas que yo no comprendía.

El señor Ángel se iba para su casa en la tarde, me dejaba una vela, cerillos y algo de comer. A la mañana siguiente quitaba los candados y abría otra vez su negocio. Me quedaba encerrado, pero no había problema porque yo no quería salir a ninguna parte. Total, no sabía en qué parte de la ciudad estaba, ni calle o avenida, si estaba cerca o lejos del parque central. Solo sabía que siempre tenía desayuno, almuerzo y cena.

A veces me invitaba a su casa, donde sus hijos jugaban o salían para la escuela. Me gustaría ir a la escuela, pensaba, mientras barría con dedicación el taller.

Puse muchísima atención mientras él reparaba los radios hasta que un día le dije que deseaba aprender a hacerlos "hablar".

Se sonrió y comenzó a explicarme el funcionamiento de la radio. Desde la emisora donde alguien hablaba por un micrófono hasta la antena donde se lanzaba la señal eléctrica que se convertía en ondas que no se podían ver, pero sí "atrapar" con los aparatos receptores.

Me explicó que, para que funcionara, tenía que recibir, amplificar y convertir las ondas hertzianas en impulsos eléctricos, que después debían transformarse en sonidos en la bocina.

—¿Querés aprender? Está bien.

Pero también tenés que aprender a leer y escribir, a sumar y restar.

¿Cuánto tiempo duró aquello? No lo sé, pero me enseñó las letras vocales y las consonantes, las sílabas, las palabras y sus significados. Me trajo libros y me ponía a leerle las noticias del periódico en voz alta, para practicar.

También aprendí los números, poco a poco. Sumas, restas y multiplicaciones. Me explicó que necesitaba esa matemática para medir y ajustar los moduladores de los radios. Las divisiones me costaron muchísimo, pero logré hacerlas.

Aprendí a sujetar correctamente los desarmadores, las pinzas, el soldador de estaño y ¡a tener cuidado con la electricidad! Varias veces recibí toques y chispazos. Aprendí de cada error.

Por fin, un día el señor Ángel agarró un radio inservible y me dijo: esta es tu primera prueba, a ver si lográs pasarla. Desarmá este aparato y luego lo volvés a armar. No importa que no suene, pero necesito ver si lográs reunir todas las piezas sin que te sobren o te falten.

—¡Ya me doy cuenta de que sos un patojo chispudo! —me dijo cuando terminé de rearmar el radio dentro de su cajón. Me tardé varias horas o días. Primero le enseñé todas las piezas que reuní en grupos al terminar de desarmarlo. Intenté memorizar en donde iba cada una. El señor Ángel se sorprendió.

—¿Y no te sobraron piezas?

—No, ninguna.

Después de eso vinieron las lecciones sobre los problemas más comunes de esos aparatos que llevaba la gente: revisar si les pasaba electricidad, ver si funcionaban los bulbos, si el demodulador trabajaba, si tenían buena conexión las bocinas. A veces los repuestos provenían de otros radios viejos. Cuando me di cuenta, ya estaba reparando el primer aparato. Me tomó mucho trabajo, hice muchas preguntas, pero al fin comenzó a sonar.

El señor Ángel se puso contento.

—¡Sos listo! —me dijo.

Me explicó lo necesario para sintonizar bien una emisora. Me dijo que existían la onda corta, la onda larga y la amplitud modulada. Armé antenas y lograba captar más clara la señal. Escuchaba radios de El Salvador, de Cuba, de México. En otros casos eran idiomas totalmente extraños; después de un rato cambiaba de emisora.

Don Ángel empezó a darme unos aparatos para que los arreglara mientras él trabajaba otros. Me pagaba 50 centavos por cada uno y yo guardaba todo pues no quería salir a ningún lado, además, tenía segura la comida.

Los clientes del taller se quedaban un buen rato observando, como una curiosidad, al niño que componía radios. Se sonreían y me miraban extrañados.

—¡Buen ayudante consiguió! —le decían al señor Ángel.

Resulté tan eficiente que después de unas semanas él me decía:

—Voy a hacer un mandado, te dejo a cargo del taller.

Y no regresaba sino hasta la tarde.

La gente ya tenía confianza de dejarme sus aparatos. Me explicaban lo que ocurría, yo comenzaba a revisarlos, encontraba la falla, la reparaba y listo. Pasaron los meses. Tal vez fueron dos o tres años el tiempo que estuve allí, no me queda claro.

Aprendí a hablar bastante bien el castellano, escribía, sumaba, anotaba nombres de dueños, hacía cuentas de repuestos y mano de obra. Son cinco quetzales. Y de eso me quedaban cincuenta centavos, a veces un quetzal.

Logré ahorrar cerca de 50 quetzales, una fortuna en aquel tiempo.

Pensaba constantemente en regresar a Santa Eulalia para ayudar a mi mamá. Ella ya sabía que yo estaba vivo y que vivía en la capital, porque, después de varios meses de trabajo, el señor Ángel me ayudó a escribirle y enviarle una carta.

Dirigida a: Eulalia Antonio, aldea Nancultac, Santa Eulalia, Huehuetenango.

Remitente: Marcos Andrés, Guatemala ciudad.

Le conté que yo estaba bien, que tenía un trabajo en un taller de radios y que había aprendido a arreglar aparatos eléctricos. Ya después le escribí yo, aunque nunca supe quién se las leía en el pueblo. En los pueblos todos se conocen y seguramente la llamaban para que fuera a traer su correspondencia.

También le mandaba algo de dinero.

Lo que no alcanzaba a meter en los sobres era el enorme deseo de volver a verla, abrazarla y regresar a mi pueblo.

—¡Quiero ir a visitar a mi mamá y llevarle lo que he ahorrado! —le dije a don Ángel un buen día.

Él me respondió que le parecía muy bien, me acompañó al lugar donde podía tomar el autobús con rumbo a Huehuetenango. Seguía sin conocer mucho la capital, pero ya me orientaba un poco más.

—¿Pero es seguro que vas a regresar? —Me preguntó.

— Ah, claro que sí —le respondí, antes de abordar.

Yo bien sabía que no era cierto, pues quería quedarme en Santa, pero si le decía que no regresaba a la capital tal vez no me hubiera dejado ir.

—Tené cuidado con tu pisto[17], no hablés con desconocidos ni le digás a nadie lo que llevás ni cuánto llevás, me aconsejó. Te espero en dos semanas.

Me subí a la camioneta para Huehuetenango, ahora sí pagué mi pasaje.

Llevaba ropa nueva, zapatos, ya sabía leer, escribir, contar, hablar fluidamente el español además de mi q'anjob'al natural. Podía reparar radios

---

[17] Dinero.

y, sobre todo, llevaba en mí la sensación de haber logrado algo gracias a haberme atrevido a romper el miedo.

En comparación con el viaje de Santa hasta la capital, que solo de recordarlo me resulta interminable, el regreso hacia mi pueblo pareció corto. Todo el tiempo que pasé en la capital, todas esas noches en la oscuridad silenciosa y tranquila del taller se volvieron como una sola noche breve, como si recién ayer me hubiera marchado del pueblo. Pero habían pasado tres años.

De Huehuetenango a Santa Eulalia me fui caminando. Llovió, pero no me dio frío ni me importó mojarme. Después de la llanura rocosa de La Capellanía pasé junto a las famosas piedras de Kab Tzin: inmensos monolitos naturales de 40 metros de alto que parecen guardianes del camino. Caminar y caminar de vuelta a mi casa.

Pasé la noche en San Juan Ixcoy y a la mañana siguiente seguí mi camino. A cada paso estaba más cerca de ver otra vez a mi mamá. No me cansé de subir las veredas de montaña, porque me animaba la idea de abrazarla, de verla sonreír, como en aquel sueño.

Al llegar a la aldea pregunté en dónde vivía, si en aquel mismo rancho de donde yo salí aquella madrugada. Pero no. Estaba en otro lugar.

Pobrecita, ella lloró bastante cuando me vio llegar. Por poco y se desmaya. Me abrazó, me besó la cabeza, le dio gracias a Dios mientras se reía con lágrimas. Yo también lloré, pero de pura alegría.

¿Ya ven que sí estaba vivo mi hijo? —exclamaba. Ella le había rogado tanto a Dios poder recuperarme algún día.

La gente curiosa, vecinos, amigas, llegaron a ver al niño Marcos Andrés que creyeron muerto, pero estaba vivo, que se había "perdido" pero, en realidad, estuvo en la capital y ahora había vuelto.

Todos me felicitaron, me preguntaron cómo era el lugar donde viví, me dijeron que había crecido bastante y tantas otras cosas.

Caminamos hasta la pequeña casa donde vivía. Era la nuestra. Mi abuelo se había arrepentido después de que yo me "perdí" y le había dicho a ella que regresáramos a la casa heredada a mi papá. Le entregué los Q50 que ahorré. ¡En ese tiempo era mucho dinero!

Ella dejó los billetes por un lado y me abrazó más.

Volvimos a cultivar la tierra y cuando llegó la temporada de viajes de jornaleros a fincas de la Costa Sur nos fuimos con mi mamá, a trabajar. Como si mi papá nos guiara a otra vida.

Gracias a que hablaba buen español empecé a servir de intérprete entre los hermanos campesinos q'anjob'ales y los capataces.

Desde el principio me interesó mucho presentar las necesidades de mi gente, contar lo que se necesitaba en los galpones donde dormíamos, solicitar las herramientas que hacían falta, verificar las compras que hacían en la tienda de la finca para que no les cobraran de más.

Pero a la vez les hacía saber a los trabajadores las instrucciones y requerimientos de forma clara, lo cual hacía que trabajaran con más eficiencia.

Al final de las temporadas de cosechas, volvíamos de nuevo a nuestra querida aldea, Nancultac, de donde alguna vez salí sin un centavo en la bolsa, pero regresé convertido en alguien distinto, de donde salí como un niño asustado y volví, a los 14 años como un muchacho que había descubierto que existía un mundo de oportunidades más allá de los linderos de su aldea."

MIGRANTE

5

LUCÍA Y MARCOS

La pequeña Lucín Cuxin[18] no pudo ir a la escuela y por lo tanto le resultó imposible aprender a leer y escribir. Nació en 1953. Desafortunadamente padecía una triple exclusión común en Guatemala, incluso en la actualidad: ser indígena, ser pobre y ser mujer: situación compartida por cientos, miles de niñas mayas de Guatemala debido a factores estructurales y culturales.

Estructurales, porque cerca de su caserío natal, Chibal Chiquito, no hubo ninguna primaria rural sino hasta 1970; culturales, pues los padres campesinos no consideraban entonces una prioridad la educación y menos si se trataba de las hijas mujeres, porque a ellas les encargaban el cuidado de los hermanos más pequeños, ayudar en los quehaceres de la casa tales como lavar ropa, moler la masa del maíz, elaborar tortillas, cocinar y también en las labores del campo, supeditadas a la figura de los padres, especialmente

---

[18] Lucía Marcos, en idioma q'anjob'al. Estas traducciones son una fusión entre la fonética castellana y la fonética propia del q'anjob'al. Así hay nombres que suenan parecido: María: Malin; Lucía: Lucín; Marcos: Cuxin; Andrés: Antil.

del papá. Fue un modelo que perduró por muchísimos años; afortunadamente se ha ido reduciendo conforme se valora cada vez más el potencial de la mujer en la sociedad.

Probablemente mi mamá no lo sabía, pero cuando ella nació, la llamada Primavera Democrática de Guatemala (1944 -1954) estaba por llegar a su fin. Fue una década en que se introdujeron algunos cambios políticos, económicos y sociales que marcaron positivamente la historia del país, aunque sus efectos no llegaron hasta lugares recónditos. Una intervención armada, con el apoyo de Estados Unidos, derrocó al gobierno el 26 de junio de 1954 e instituyó uno de facto. Después se convocó a elecciones, pero las pugnas dentro de facciones del Ejército llevaron a una insurrección militar, el 13 de noviembre de 1960, la cual dio origen al conflicto armado interno de Guatemala, un enfrentamiento que se extendería por dolorosos 36 años y que llegó a significar la muerte para más de 200 mil personas inocentes, así como el desplazamiento obligado para un millón de campesinos.

Lucín Cuxin no tenía idea de todo aquello. Era una sencilla niña q'anjob'al, hija de Marcos Francisco y María Sebastián. Su aldea, Chibal Chiquito, apenas tenía media docena de casas de barro y madera ubicadas en una pronunciada ladera en donde había cultivos de maíz, frijol, calabaza y trigo. Era la hija mayor y le tocaba cuidar a sus hermanos. Frente a su casa se divisaba, majestuoso, el cerro Yaxcalamté, el punto más alto de Santa Eulalia, cuya forma recuerda la de un volcán. Sus bosques albergaban diversas especies de animales como venados, leones de montaña, jaguares y hasta el emblemático quetzal.

La mamá de Lucía era sumamente estricta con ella: cuando la masa le quedaba demasiado blanda o no ponía suficiente agua para los frijoles podía venir un regaño e incluso algunos golpes. Era la forma de "disciplinar" de aquel entonces. Tenía algunos tíos pero vivían lejos. El único que vivía cerca de su casa era el tío León, muy trabajador y amable. Por eso mi mamá lo quería mucho y le llevaba tortillas, comida o agua del riachuelo Chibal Chiquito. Tío León le enseñaba a identificar los cantos de los pájaros, a identificar las nubes que anunciaban aguaceros y también a distinguir las bayas silvestres comestibles de las venenosas.

La familia de Lucía viajaba como tantos miles de indígenas del Occidente de Guatemala a la Costa Sur, para trabajar hasta seis meses al año en las fincas de algodón, una dura labor que desarrollaban en largas jornadas bajo el intenso calor. No era un trabajo agradable porque las manos se lastimaban debido a que los capullos de algodón son espinosos y los arbustos también son quebradizos y punzantes. Otras veces eran fincas cafetaleras, bananeras o de caña de azúcar.

Sumado a las precarias condiciones en que crecía, para Lucía comenzó un auténtico Calvario cuando sus padres cayeron en el vicio del alcoholismo. A veces era solo su papá quien ingería licor; otras veces eran los dos. Durante días, le tocaba a Lucía atender a sus hermanos pequeños; les preparaba comida con lo poco de que disponía. Si algunas veces no había alguna provisión comestible, se las ingeniaba. Era tan lista y tan noble a pesar de aquella pesadilla. Sus padres le pedían disculpas, pero tiempo después se repetía el ciclo.

Tan lejos y tan cerca. Aunque Nancultac y Chibal Chiquito eran poblados pertenecientes a Santa Eulalia, mis padres, Lucía y Marcos no se conocieron en el municipio sino a muchos kilómetros de allí.

Mi papá nunca dejaba a su mamá, nuestra abuela Eulalia Antonio, pues era su única familia directa. Se la llevaba con él a cualquier finca adonde se marchaba a laborar en la temporada de cosechas. No era una dependencia sino un profundo respeto a los mayores, muy propio de la cultura q'anjob'al y en general de los mayas, una veneración enraizada en una tradición ancestral, que a su vez se relacionaba con una cosmovisión de unidad entre la persona, la familia, la comunidad y la naturaleza.

Si papá conseguía trabajo en las fincas de municipios vecinos como Barillas, San Juan Ixcoy o San Rafael La Independencia, mamá Eulalia solía quedarse en su pequeña casa, porque el viaje era corto; pero se la llevaba si tenía que permanecer cinco o seis meses en departamentos de la costa sur, como San Marcos, Escuintla, Mazatenango o Retalhuleu.

Desempeñar el puesto de caporal o encargado de finca se convirtió en algo natural para papá; no para mandar, ordenar o creerse superior, sino para ayudar a la gente q'anjob'al que no hablaba nada de español o que llegaba por primera vez para ganar el sustento en aquellos territorios sofocantes; los orientaba sobre la manera más eficiente de realizar las tareas asignadas, las reglas de convivencia y los días de pago.

No pudo dedicarse al oficio que había aprendido, años atrás, en la capital: a reparar aparatos eléctricos. Primero porque eran muy pocas las personas que tenían ese tipo de pertenencias en Santa Eulalia; segundo, porque necesitaba herramientas específicas y dispositivos para calibrar señales, que solo se distribuían en la capital; tercero, porque no había electricidad en buena parte del departamento, aunque cabe aclarar que en Santa Eulalia existió una de las primeras hidroeléctricas en el país, inaugurada en la década de 1970, reflejo del espíritu emprendedor e innovador de los eulalenses. Solo generaba lo suficiente para iluminar el casco urbano, no las aldeas. Por lo tanto, no había mucha posibilidad de tener radios conectados y existían muy pocos aparatos de baterías.

En esos años, las oportunidades laborales de nuestro pueblo seguían limitadas a los cultivos locales de subsistencia: trigo, frijol, maíz, calabazas y a la venta o trueque de los pequeños excedentes. La gran mayoría de campesinos subsistía con las temporadas de finca, una masiva migración temporal de mayo a noviembre que a su vez tenía fuerte impacto en la educación, pues aquellos niños que tenían la suerte de poder asistir a la escuela veían cortada su formación. Muchos perdían el grado, por lo que debían repetirlo y al siguiente año se repetía la historia. Para las niñas la situación era mucho peor, porque incluso en el pueblo debían cuidar a sus hermanos menores. A largo plazo esto representó generaciones enteras de adultos con analfabetismo o primaria incompleta.

Mi papá veló siempre porque les pagaran completo su salario a los jornaleros y porque no les descontaran de más en las tiendas de finca. También velaba porque tuvieran condiciones humanas en aquellos enormes galeras de madera en donde decenas de familias convivían hasta seis meses.

Respetar y que lo respetaran era la regla. Exigía buen trabajo y a la vez ayudaba en lo que podía a esas personas. Pienso que quería honrar el recuerdo de mi abuelo Marcos, a quien recordaba como un trabajador digno, emprendedor, solidario y con cierta aura de héroe, sobre todo porque siempre escuchó muy buenos recuerdos de él en aquellos ambientes.

El cambio de la permanente frescura de Santa Eulalia a las altas temperaturas de la costa era un fuerte contraste. Por eso, papá Marcos prefería trabajar en las fincas cafetaleras de la región de media altura, bocacosta le llaman, en el corte de café o cardamomo, en departamentos como San Marcos, Retalhuleu, Suchitepéquez y Quetzaltenango. De hecho, hizo el intento de laborar para las algodoneras de Escuintla, pero solo fue una temporada ya que el calor era insoportable. En las fincas de caña de azúcar ni siquiera lo intentó porque el trabajo era extremadamente rudo y él se manejaba muy bien en otros cultivos. Por aparte, su bilingüismo lo ayudaba para que no le faltara trabajo. Aprendió a hacer de todo: a sangrar los palos de hevea para extraer el látex o explotar los árboles de quina, de donde salía una sustancia ácida y medicinal llamada quinina, usada en aquel entonces en Estados Unidos como medicamento contra la malaria y también como desinfectante natural.

Con paciencia cortaba los surcos en espiral con afiladas cuchillas, en una especie de grabado sobre las cortezas de aquellos bosques sembrados en perfecta cuadrícula, que permitían ver a decenas de obreros prendidos de los troncos como escarabajos.

El zumbido de mosquitos y tábanos era un agobiante ruido ambiental que podía llegar a desesperar. Para no oírlo, los obreros solían cantar tonadas populares en coro. Con el tiempo llegarían los radios de transistores que llenaban de canciones rancheras aquellas planicies.

A menudo vio serpientes escabullirse entre la hojarasca y alguna vez llegó a partir de un machetazo a una barba amarilla, altamente venenosa, escondida debajo de una rama seca.

Si no me mordió a mí puede que muerda a alguien más, pensaba.

Por la noche, era infaltable la inmensa fogata y la bulliciosa comida colectiva en la que se mezclaban conversaciones en castellano e idiomas mayas con preocupaciones, cálculos, metas… Había enormes ollas de frijoles, peroles con huevos revueltos y canastos repletos de calientes tortillas de maíz.

Al final de cada temporada había banquete de carnes asadas de res, cerdo, venado y pavos, según la generosidad del patrón, al son de una marimba que con voz festiva y maderosa anunciaba el retorno a la aldea natal o la partida hacia otra finca para cosechar otro producto.

Papá Marcos no le hacía el feo a ningún trabajo. Frente a cualquier dificultad, siempre intentaba encontrar la oportunidad. Si surgía la ocasión de ganarse un ingreso extra, no la dejaba escapar, porque servía para mantener a la familia el resto del año o para sufragar los gastos de sus propios cultivos en Santa.

En una ocasión, el dueño de una finca le preguntó si le interesaba hacerle un trabajo extra.

—Por supuesto que sí, usted me dirá en qué podemos servir.

—Quiero abrir un camino para que puedan subir carros por esta ladera y no tengan que dar la vuelta hasta el otro lado.

La tarea era más bien para un ingeniero civil, pero era demasiado urgente como para esperar por uno y seguramente el finquero quería ahorrarse el costo. La única experiencia en caminos que tenía mi papá era cuando reparaban el acceso a Santa Eulalia por algún derrumbe en la época de lluvias. Observó el terreno, calculó la pendiente y aceptó. Le pidió cincuenta hombres.

—¿Puedo cortar parte de los cafetales y los árboles de sombra?

—¡Usted vuélese los que haga falta, pero ese camino lo necesito listo en una semana!

No sé si trazó el camino en algún papel o lo planificó mentalmente, —pienso que esto segundo fue lo que ocurrió— pero con mucha claridad pidió a unos ayudantes que empezaran a desgastar parte del cerro, a otros les asignó una curva lodosa y a otros más los mandó acarrear piedras. El ruido de las piochas, azadones y palas fue constante desde la primera luz del sol hasta ya entrada la noche.

A la semana exacta estaba listo el nuevo camino, que tenía aproximadamente un kilómetro. Así le gusta trabajar a papá, con formalidad de palabra. No se limitó a dar órdenes, sino que también se puso a picar algunas de las enormes piedras que encontraron enterradas. Por supuesto, consiguió un pago adicional para la gente que laboró extra aquella semana.

Los obreros siempre terminaban apreciando mucho al caporal Marcos, precisamente por aquella mezcla de sinceridad, firmeza y justicia.

En esa rutina de estar siempre pendiente de la convivencia armoniosa de los trabajadores de las fincas donde laboraba, una vez descubrió, en cierto campamento, a una familia campesina originaria de Santa Eulalia. Provenían del caserío Chibal Chiquito, el cual se encuentra al doble de distancia de Nancultac del pueblo principal, pero en dirección opuesta.

El padre de aquella familia era alcohólico. Cuando se emborrachaba, insultaba y golpeaba a la esposa y a sus cuatro hijos. La hija mayor se interponía para defender del maltrato a sus hermanos.

El caporal Marcos reprendía al borracho, le exigía reflexionar, no tratar de esa manera a su familia y a no gastarse el sueldo en alcohol. Le advertía que de continuar así tendría que echarlo de la finca. A veces también la esposa bebía aguardiente y todo se complicaba más para la hija grande, que tenía 13 años. Era una niña laboriosa, noble y muy seria. Se llamaba Lucía. Nunca nadie la había defendido. Era una gota de nobleza y decencia en una tierra agreste.

Así se conocieron mis padres.

Marcos tenía 23 años. No sé si fue amor a primera vista o a segunda, pero en cuanto podía, se acercaba a platicar con aquella adolescente a quien casi le doblaba la edad. No pasó mucho tiempo para que se decidiera a hablar con los padres con el fin de pedirles a su hija. Le dijeron que no, sin darle mayor explicación.

El matrimonio de menores es un tema controversial en la actualidad y de hecho ha sido prohibido por las legislaciones de muchos países debido a múltiples situaciones de abuso, trata de personas y esclavitud. Pero en aquellos tiempos, la misma tradición q'anjob'al marcaba que una niña era casadera a partir de los 13 años, aunque solo podía ser un matrimonio válido si se tenía la autorización de los padres, que eran usualmente quienes decidían los casamientos. Eran otros tiempos. A esta altura de la historia los matrimonios de menores se encuentran penalizados por una amplia y justificada cantidad de razones, desde educativas hasta sanitarias, aunque no fue ninguna de ellas por las que mis abuelos maternos dijeron que no.

No querían quedarse sin la mano de obra gratuita de Lucín, quien hacía la comida, preparaba la masa y las tortillas, cuidaba a los hermanitos, barría la casa, ayudaba en los tiempos de siembra y cosecha, la misma razón por la que quizás tampoco la querían en la escuela…

Por dedicarse a trabajar, Marcos no había formado antes una familia. Y ante la falta de aprobación de los padres, platicaban a escondidas en algún claro del bosque costeño. Él estaba ilusionado y ella veía en él una esperanza. Un buen día decidieron huir juntos. Se pusieron de acuerdo para encontrarse en cierto tramo del camino, al final de la tarde y se marcharon sigilosamente para hacer su vida. De aquel amor nacimos nueve hermanos. Mi hermano Andrés nació en 1970; le siguió Juana, en 1972; Leonardo, en 1974 y después nací yo, en 1976.

Pasado un buen tiempo, Lucía extrañaba a su familia. No se podía acostumbrar a la idea de no hablarles ni ayudarles en algo, así que mi papá decidió ir a hacer las paces. Dado que vivían en Santa Eulalia, papá Marcos buscó a mis abuelos para pedirles perdón por haberse llevado a Lucía.

Ellos se dieron cuenta de que su hija estaba feliz, que su esposo era trabajador y los perdonaron. A la vez sucedió algo que parecía increíble: también pidieron perdón por sus años de maltrato y alcoholismo. Lograron reconocer su adicción y la abandonaron para siempre.

6

EL VUELO DE UNA PALOMITA

Nuestros padres, Lucía y Marcos emprendieron una lucha dura para salir adelante. El trabajo recurrente era el corte de café, la siembra de maíz o de trigo, pero era inevitable la temporada de jornales en fincas que se podía extender hasta seis meses: mientras papá Marcos trabajaba fuerte en los campos, mamá Lucía se quedaba a cargo de una tarea titánica: dar tres tiempos de comida, a diario, a decenas de trabajadores. Enormes ollas con frijoles, huevos, caldos, arroz o atol se cocinaban sobre fogones de leña colocados en el suelo en rústicas cocinas. La humareda era enceguecedora y hacía irrespirable el aire. Mi mamá pasaba largas horas en aquel ambiente contaminado que con el correr de los años golpearía gravemente sus pulmones. También elaboraba cientos de tortillas para dar de comer a aquel ejército de trabajadores.

Mis padres se llevaban a mis tres hermanos mayores a aquellas estadías que transcurrían entre la precariedad y la esperanza de un mejor mañana. Pero había tanta mano de obra que en ocasiones tenían que viajar a fincas cada vez más distantes de Huehuetenango para encontrar plazas.

Fue así como llegaron a una enorme hacienda cafetalera de San Miguel Pochuta, Chimaltenango, a unos 300 kilómetros de Santa Eulalia, un lugar casi inaccesible por los malos caminos. Nuestros padres nunca se habían aventurado a trabajar tan lejos de nuestro pueblo, pero la necesidad los obligó.

Lo más triste les ocurrió en aquella temporada.

Yo aún no había nacido, pero siempre he visualizado todo como en un sueño porque tanto mamá como papá nos contaban sus recuerdos de tan triste episodio. Siempre se preguntaban si pudieron haber hecho algo para evitar lo que ocurrió. Sin embargo, nunca hallaron respuesta completa para una de las mayores tragedias que les tocó afrontar: Juana, mi hermana mayor, se enfermó. Estaba por cumplir 4 años. Ya no comió, se empezó a poner pálida y tenía vómitos, diarrea, fiebre. Una mañana ya no pudo levantarse y lloraba todo el tiempo por el dolor de estómago. Quizá haya sido una infección intestinal, fácilmente curable hoy día con un desparasitante y antibióticos, pero en aquellos tiempos, a mediados de la década del 70, en una finca de montaña no había doctor, ni medicamentos. Al menos no para la legión de jornaleros.

Para recibir atención médica había que acudir a un hospital público y el más cercano era el de Antigua Guatemala. Era la cabecera departamental de Sacatepéquez y por ello contaba con un centro hospitalario público.

La distancia por recorrer entre Pochuta y Antigua era de 70 kilómetros, pero el viaje se triplicaba por el pésimo estado de la carretera, el escaso transporte y su alto costo. El viaje implicaba sacrificar el ingreso familiar de una semana, pero al ver que Juana no mejoraba con los remedios caseros que le brindaban, papá decidió llevársela al hospital. Pagó un camión para que los sacara de emergencia. Fueron horas y horas de angustioso viaje a vuelta de rueda entre lodazales, en medio de montañas y volcanes hermosos a los que no había tiempo de admirar.

En el hospital examinaron a Juana y le dijeron a mi papá que tenía una infección, que le aplicarían un tratamiento, pero debía quedarse internada al menos una semana.

Papá no podía quedarse a cuidarla porque había que volver al trabajo. No podía quedarse sin laborar porque necesitaba cada centavo del salario. Tampoco tenía cómo pagar alojamiento y comida para quedarse. Pensó en llevársela de regreso aquel mismo día, pero, ¿como iba conseguir el medicamento? Habría sido vano el esfuerzo. El camión que los trajo esperó a papá con el motor encendido, de modo que decidió volver en una semana, como le indicaron.

— ¡Paaapa, paaapa, no te vayas! —decía la pequeña Juana cuando se quedó en una camita del hospital y levantaba su manita. Así cuenta nuestro papá, quien no puede evitar lágrimas al recordarla como si fuera ayer.

Todavía resuena de cuando en cuando su voz de niña en sus oídos. Décadas después, aún se pregunta, con melancolía lo que hubiese exclamado aquella hija al mirar por primera vez los grandes edificios de Los Ángeles, a donde migró toda la familia años más tarde. La recuerda al ver a sus nietas o al observar a los pequeños a la salida de una escuela.

—Papa, papa, no me dejes aquí —clamaba Juana.

—¡Voy a regresar pronto por vos, m'ija! —le respondía mi padre mientras aguantaba las ganas de llorar al salir de aquella sala del hospital. No quería asustarla; quería transmitirle valor.

—Adiós m'ija, portate bien, te estas quietecita, no vayas a estar haciendo travesuras".

—¡Papa, papa! —Y su mano se asemejaba a una palomita en pleno vuelo.

El camino de regreso se le hizo largo y triste. Pero tenía la esperanza de regresar por ella. No se distinguía si era la lluvia la que mojaba su rostro o si eran sus lágrimas las que caían, mientras el camión se movía bruscamente en cada zanja, en cada vuelta. Nunca había vivido algo así.

—Una semana se pasa pronto para ir a traerla —pensó, intentando animarse.

Pasados cuatro días, llegó a la finca un telegrama desde el hospital de Antigua. El mismo parecía enviado desde un mal sueño.

En el hospital, papá Marcos había dejado el nombre de la finca a dónde podían enviar cualquier aviso. En pocas y frías palabras le avisaban:

"Niña Juana Marcos falleció. Presentarse urgentemente."

Siempre anhelaron verla crecer, jugar, conversar; la soñaron como una señorita, como una gran mujer, pero fueron sueños que volaron en alas de la neblina.

Esta vez ambos emprendieron el viaje a puras sacudidas de camión hasta Antigua Guatemala. Iban desolados, con las ramas del sentimiento desgajadas por un viento huracanado. Su único consuelo, su única fortaleza era afrontar juntos la tragedia.

Por eso, a pesar de las adversas condiciones del camino decidieron llevarse consigo a Andrés, de cinco años y a Leonardo, que tenía menos de uno. No querían separarse, no querían perder a otro hijo.

Les hubiera dado tanta alegría ir a traer a Juanita ya recuperada y llena de vida. En vez de eso les entregaron su cuerpo inerte. Lo envolvieron en una sábana. Papá firmó entre lágrimas. Mamá la abrazó como cuando era una bebé.

Se miraba tan serena, tan indefensa, tan inocente. Ya no lloraba. Ya no sufría. Las palomitas de sus manos estaban dormidas para siempre. Sus cejas eran más perfectas que nunca, pero su mirada había escapado hacia el corazón del cielo.

Compraron una caja blanca, forrada de tela de satín y la colocaron allí con mucho cuidado. No está muerta, está dormida. Después se fueron al cementerio de Antigua Guatemala para sepultarla. Les ayudaron a abrir una fosa. Con cariño y dolor depositaron aquella pequeña nube, más blanca que las nubes, en el fondo de la tierra oscura.

Rezaron una oración. Fue doloroso el sonido seco de las paladas de tierra sobre aquel trocito de cielo. Se quedaron un rato sin decir nada, sin querer marcharse, sin ninguna respuesta. El camión esperaba. Abrazaron a Andrés y Leonardo, como si temieran que alguien fuera a arrebatárselos. Partieron de vuelta a la finca. Iban sin su hija, pero era como si la llevaran tomada de la mano para que no se golpeara con las sacudidas del picop en aquel camino totalmente ajeno a su pesar. Han pasado cuatro décadas y todavía mis padres guardan una fotografía, en donde Juana se quedó niña para siempre.

Pasarían las horas, los días, los meses, llegaría el fin de la cosecha y de vuelta a Santa Eulalia.

Nunca más regresarían a trabajar a San Miguel Pochuta debido a la distancia enorme hasta Huehuetenango, pero sobre todo porque estando allí dejaron sepultada una parte de su corazón.

7

LA HERENCIA QUE SALVÓ MI VIDA

Como dije antes, mis padres decidieron mudarse de la aldea Nancultac a la cabecera municipal de Santa Eulalia para que mis hermanos y yo tuviéramos la oportunidad de asistir a la escuela, pero también a causa del dolor que les causó la muerte de Juana. En aquella pequeña casa donde los hermanos habíamos nacido, comido y dormido, era imposible no imaginarla jugando con las tuzas del maíz o aprendiendo a utilizar la piedra de moler para hacer tortillas junto a mamá.

Al regresar de aquella temporada de cosecha tan triste en Pochuta, el patio, las puertas, las ventanas decían algo o decían mucho sobre la pequeña que ahora ya no estaba allí. Después nací yo y pasé mi primera infancia en aquel lugar.

Ya vivíamos en el centro del pueblo cuando un nuevo suceso les traería de regreso el angustioso recuerdo de lo ocurrido con mi hermanita. Volvió el miedo de perder a otro hijo sin poder hacer nada por evitarlo.

Cuando yo tenía cinco años me enfermé gravemente con fiebres y parásitos intestinales; lo poco que comía terminaba vomitándolo al poco tiempo. Lo peor era la deshidratación y desnutrición resultantes de tanta diarrea, que, dicho sea de paso, ha sido una causa frecuente y masiva de mortalidad infantil en todo el occidente de Guatemala por décadas.

Así que estuve muy cerca de ser tan solo una estadística triste, sin nombre ni apellido. Mi salud fue frágil desde que era bebé y entre sueños recuerdo temporadas en las que prácticamente no me levantaba de la cama o me mantenía sentado porque no tenía energías para estar en pie.

La imposibilidad de alimentarme adecuadamente me hacía vulnerable ante otros males como la anemia o la neumonía, otras de las causas comunes de muerte infantil en Guatemala. Por si fuera poca la calamidad, el sistema público de Salud tenía una cobertura ineficiente y sin abasto de medicinas.

Mi situación agravó de tal manera, que mi papá perdió las esperanzas de que yo pudiera recuperarme. Aquel año las cosechas fueron malísimas y no hubo temporada para jornaleros en las fincas, por lo que apenas tenían dinero para alimentar precariamente a mis hermanos. Mi mamá en cambio, decidió que esta vez, no dejaría que se repitiera lo ocurrido con mi hermana. Rezaba constantemente y se prometió a sí misma que haría todo lo que estuviera a su alcance para salvarme de la muerte.

Desde mi nacimiento fui enfermizo: padecí de congestión pulmonar, cólicos, diarreas, tos, náuseas. Me preparaban algún té con plantas medicinales, me hacían baños de asiento y me daban de beber la más espantosa bebida que existe: el jugo de hierbabuena molida. —¿Lo han probado alguna vez? Sabe horrible—. Pero llegó el momento en que nada dio resultado, nada me mejoraba, hasta que llegó la mañana en que fue imposible sostenerme en pie.

Quedaba descartado un viaje hasta la cabecera para llevarme a un hospital público, no solo por la falta de dinero sino porque temían que se repitiera el recuerdo de la pequeña mano de Juana pidiéndole a mi papá que no se fuera, que no la dejara allí y mi mamá no deseaba que él regresara sin mí.

Ellos deseaban darme una buena atención médica, pero se los impedía la pobreza, por causa del deterioro económico atribuible a la creciente violencia del conflicto armado que se había recrudecido en Guatemala. No tenían más alternativa que esperar.

De alguna manera, mi papá se resignó.

Pero mi mamá no.

Yo estaba pequeño y débil, pero recuerdo cuando ella me amarró a su espalda con un perraje y empezó a caminar. Tengo grabados, como un mensaje de amor en clave, su calor y el sonido de su respiración agitada, los latidos de su corazón, el rozar de la tela contra mis oídos, el compás de sus pasos.

Parecía dormido, pero estaba desmayado de la pura debilidad porque ya llevaba varios días en estado grave. Me alimentaba a base de líquidos, sobre todo atol de masa o de maíz quebrantado, pero mi estómago lo expulsaba todo.

Mis oídos recuerdan el ruido seco de la tierra producido por los pies de mi mamá, como si marcaran los segundos, los minutos, las horas. A veces pasaba sobre grava, otras entre siembras; a ratos escuchaba los chasquidos de sus pasos en el lodo. Por momentos me sentía lúcido y podía distinguir las enormes piedras de las laderas o el ruido de las hojas de milpa movidas por el viento.

El silencio era tan atronador que sólo se rompía con sus suspiros. Mi consuelo para vivir era oírla caminar mientras las nubes cruzaban sobre nosotros.

¿En qué pensaría mi mamá a lo largo de todos aquellos kilómetros de subidas y bajadas en que le tocó cruzar angostas veredas al borde de desfiladeros y atravesó bosques de pino, empinados riscos y riachuelos impetuosos sin más compañía que la de su hijo desfalleciente entre neblinas frías?

Lo único que sabía con certeza era que, al sentir el golpe de cada paso, al oír cada respiración tan profunda, cada suspiro de mi madre… todo esto me llenaba de vida y de esperanza.

Al despertar de nuevo, oí que mamá Lucín respiraba con angustia, que hablaba con alguien. Pero no había nadie más. Ella iba orando, pidiéndole a Dios por mi vida.

¿Por qué no llegamos nunca?

A veces se encontraba con algún campesino y le preguntaba si aquel era el camino correcto para llegar a adonde la señora curandera de la montaña.

—Sí, pero todavía falta bastante. Apúrese porque ya cae la noche.

La niebla blanquea las copas de los árboles y me enfría las manos. ¿O son mis ojos los que se nublan? Es tan blanca y tan limpia que se parece a la tela del *col*[19] que mi abuela le regaló a mi mamá; y la abuela lo recibió como herencia de la tatarabuela: una prenda cuyos hilos están tejidos con memorias, de fiestas, de casamientos, de ocasiones de singular alegría, pero en este día se ha convertido en la última esperanza.

Cuando mi mamá decidió llevarme a la curandera, no tenía dinero. Había decidido que su atesorado *col* serviría para pagarle por sus servicios. Fue a sacar la prenda que guardaba con tanto cuidado, para ofrecerla en canje por la sabiduría de aquella señora.

El *col*, era una vestimenta valiosísima, sobre todo por su significado espiritual, destinada para las fechas sagradas y las ocasiones de fiesta, que

---

[19] Vestido ceremonial q'anjob'al de color blanco

caía desde los hombros hasta los tobillos. Lo usó el día que se casó con papá. Tenía bordados hermosos sobre profundo fondo blanco y cuando se lo ponía, mamá se miraba como un ángel.

Le habría correspondido en herencia a mi hermana Juana, la que murió.

En su lugar, entonces, tenía que dárselo algún día a mi hermana Eulalia, pero ante aquel punto límite de la vida, lo destinó para salvarme la vida. Ella no sabía si el tratamiento funcionaría, si de todos modos yo me iba a morir, pero era la última posibilidad y tenía que intentarlo, con todo su amor.

Conforme ascendía por las lomas, el frío se acentuaba. Como si aquella brisa preguntara si estaba segura de que yo aún estaba vivo, si algún día observaría un atardecer completo en algún lugar distante, o si tendrían que enterrarme en alguna de aquellas montañas repletas de cipreses con bejucos, hormigos sonoros y pinos de troncos tan gruesos que no parecían sino gigantes que se habían dormido de pie.

Siento mi estómago como si fuera un costal lleno, pero no he comido nada desde hace dos días. No tengo fuerzas, pero me gustaría poder sacarme las lombrices que son las que dicen que me atormentan, pero ¿cómo atraparlas? No puedo caminar y siento que en cualquier momento empezaré a flotar hacia el cielo.

Mi mamá continúa avanzando. En el vaivén me duermo y me despierto oyendo sus pasos. Veo los señores pinos que botan grandes gotas de agua, como si lo hicieran en broma para despertarme. ¿Será que se equivocó de vereda y va en un rumbo desconocido? El sol se va moviendo por entre las hojas, pero no siento su calor.

Por fin llegamos.

Pregunta si es la señora que cura.

—Sí, yo soy —responde—. Luego explica con detalle el mal que me aqueja. Alcanzo a ver que es muy anciana y está de acuerdo en recibir el *col*, el hüipil ceremonial, a cambio de sus servicios, pues sabe lo que significa, lo que vale, lo que representa. La abuela sabia me levanta, tiene mucha fuerza en sus brazos que son cafés y arrugados como ramas de árbol y me acuesta en su *tapexco*[20].

Según me contaba mi mamá, la curandera agarró hierbas y bayas que tenía guardadas en tecomates. Fue a cortar otras de los arbustos cercanos.

Como a toda abuela maya, nunca le faltaba la olla de agua hirviendo permanentemente y a la par tenía una piedra de moler en donde se puso a triturar toda la mezcla. Murmuraba algo. Estaba rezando.

Echaba un poco más de agua y la piedra convirtió los ingredientes en una pasta que me puso sobre el estómago. Después me dio de beber algo amargo, amargo, más feo que el jugo de hierbabuena, pero yo estaba tan mareado que me lo tragué. Casi lo vomito, pero ella decía que siempre se queda algo dentro y me daba más.

No sé cuánto tiempo bebí el agua amarga.

El emplasto de hierbas se me fue poniendo frío, pero yo sudaba. Era una agonía, era un olor a humo, vi los ojos de mamá y me dormí.

Desperté hasta la tarde del otro día.

El estómago se me movía solo. ¿Será que las lombrices enloquecieron?

Mi mamá pensó que mi hermanita Juana había llegado a traerme, para no estar solita. Pero, aunque el recuerdo de Juana me acompaña en mi corazón hasta el día de hoy, no me llevó.

A la mañana del tercer día fue el momento de partir.

La anciana me dio algo de comer. Ya no lo vomité. Mi mamá me colocó a su espalda y a empezar todo el camino de vuelta a Santa Eulalia.

---

[20] Tapexco. Cama hecha con un marco de madera, lazos trenzados y una capa de cuero.

Sus pasos sonaban distintos, quizá porque era montaña abajo o tal vez por la promesa de la curandera: el niño ya pasó lo peor y se va a curar.

—Hay que darle de comer hierbas y atol de maíz.

A los pocos días yo estaba jugando otra vez con mis hermanos.

Lo que sí se quedó allá guardado para siempre entre la neblina de aquella montaña fue el blanco güipil ceremonial de mamá Lucín, heredado de la abuela y de la abuela de la abuela. Era un tesoro invaluable, pero mi mamá sacrificó el tesoro de generaciones como una ofrenda de amor a cambio de mi vida.

Todavía me asombro cuando pienso que aquel *col* blanco de mamá viajó a través de tanto tiempo, de tantas manos, de tantas fiestas y de tantos rituales de la comunidad solo para hacer posible que la vida amaneciera para mí otro día, así como hoy.

8

SANGRE DE NUESTRA SANGRE

Mamá Lucín tenía premoniciones a través de sueños. Cuando vivíamos en la cabecera del pueblo, allá por 1984, de pronto despertaba contando que había soñado que algún conocido de la aldea emprendía un camino y a las pocas semanas, esa persona fallecía. O relataba que mientras dormía había visto un rastro de sangre en la entrada del pueblo y justo a los pocos días venía alguna incursión del ejército o la guerrilla justo en la época en el que conflicto armado de Guatemala se recrudeció. Aumentaron las matanzas; las capturas ilegales, las desapariciones y el miedo viajaba a bordo de los camiones, los autobuses y los rostros de la gente.

No todos los sueños eran de cosas tristes o trágicas, también había anuncios dichosos, que la llenaban de esperanza, aunque nosotros no entendíamos muy bien cómo iba a ocurrir aquello.

En uno de esos avisos recurrentes ella abría los ojos y se encontraba en una llanura enorme, hermosa, fresca, verde, amplia, con flores y trigales, pero justo al borde de un barranco. Ella estaba junto con mis hermanos y yo; por momentos se sentía como una gallina acurrucando a sus pollitos, pequeños y grandes. De pronto se veía en el horizonte un punto en movimiento que se acercaba con un zumbido metálico. Era un helicóptero. No era del Ejército, sino uno transparente, relataba mamá. La aeronave aterrizaba, ya no hacía tanto ruido, pero se sentía el fuerte viento de las aspas sobre la hierba y sobre nuestras cabezas. Cuando ella volvía a abrir los ojos, en el mismo sueño, descubrió que yo estaba subido a bordo del helicóptero que comenzaba a elevarse y después se alejaba. Era claro para ella distinguirme, contaba, porque me reconocía por mi *capixay*. Yo les decía adiós y ella me observaba hasta desaparecer. Entonces despertaba.

—¡Marcos, vas a llegar muy alto y muy lejos!, eso quiere decir ese sueño y ya lo he soñado varias veces. Tu destino es ser un guía para tus hermanos, una luz para tu pueblo, elevarte para poder ayudar, pero sin olvidar de dónde vienes y sin perder tu corazón de niño q'anjob'al, me explicaba.

Se me hacía difícil comprender lo que trataba de decirme o cómo iba a suceder. Mejor le decía que ya no me contara sus sueños porque prefería descubrir y definir por mí mismo el futuro, que en lo inmediato se limitaba a que pudiera pasar el cuarto grado de primaria, lo cual se me había hecho difícil porque en aquel año me enfermé bastante, falté a muchas clases y dejé de entregar tareas. Quería avanzar en los estudios, pero simplemente no pude porque la misma salud endeble me hacía presentar un cuadro de desnutrición. Deseaba poder seguir el ejemplo de mis hermanos mayores.

Desde aquel entonces, a quien consideramos el sabio de la familia es a Andrés, mi hermano mayor, que estudiaba magisterio en la cabecera departamental de Huehuetenango, a 87 kilómetros por una dura ruta de terracería, que en aquel momento era el lugar más cercano, donde había un colegio que ofrecía carreras de diversificado.

Es un gran guía porque tiene prudencia, capacidad, perseverancia, se lleva bien con todas las personas, posee metas claras, pero es capaz de renunciar a un beneficio propio si con ello ayuda a quienes ama. Para mis hermanos, hermanas y yo, él es nuestro modelo a seguir.

Andrés se tuvo que ir a vivir solo a Huehuetenango, en una pequeña habitación de alquiler, donde a veces comía y a veces no, debido a la escasez de dinero de nuestros padres, quienes a duras penas lograban pagar sus colegiaturas con el objetivo de que pudiera tener una carrera que a su vez le permitiera asegurar una plaza como maestro rural.

Andrés siempre ha dominado las matemáticas, el razonamiento abstracto y la lógica. Conforme avanzó en los cursos de magisterio fue ganando nuevas perspectivas y se trazó como objetivo, después de graduarse como maestro de educación primaria, estudiar ingeniería civil o mecánica.

También aprendió de forma autodidacta a tocar la guitarra; apenas con un pequeño folleto, comenzó por saber identificar las notas musicales, y luego también empezó a interpretar canciones en teclado. Y como es tan fascinante ver a alguien cuando hace música, mi hermano Leonardo seguía su ejemplo. Juntos se acompañaban para entonar himnos en la iglesia y algunas veces, cantaban canciones románticas como las del español José Luis Perales.

Desafortunadamente, en 1984, la situación de Guatemala se había tornado complicada, por no decir angustiosa, porque la violencia armada golpeaba al Occidente del país, de mayoría indígena y campesina, con marcada crudeza en cinco departamentos: Chimaltenango, Quiché, Sololá, Totonicapán y Huehuetenango.

El gobierno militar impulsó desde 1982 una dura política contrainsurgente, conocida como "tierra arrasada", bajo numerosas justificaciones políticas, económicas o legales. Una de las teorías era que "se le debía quitar el agua al pez", es decir, que al acabar con los poblados donde los insurgentes se escondían se debilitaría su base social. Al contrario, esto en algunos casos alentó a pacíficos aldeanos a tomar las armas y sumarse a los subversivos, quizá no tanto por convicción ideológica sino para defender a los suyos. Por su lado, el Estado conformó las llamadas Patrullas de Autodefensa Civil, grupos paramilitares a los cuales armaban con viejos fusiles de la segunda guerra mundial.

A la larga, el resultado fue dantesco, triste, vergonzoso: matanzas de aldeas enteras, fosas comunes llenas de cadáveres de hombres, mujeres, niños y ancianos. En los pueblos predominaba el miedo, pululaban las sospechas y abundaba la delación.

Santa Eulalia y municipios vecinos como San Juan Ixcoy, San Pedro Soloma, Santa Cruz Barillas, San Mateo Ixtatán y tantos más, fueron testigos indefensos de incursiones y enfrentamientos entre el Ejército y los guerrilleros.

La población civil quedaba en medio de los balazos, las persecuciones y los bombardeos. Cuando los ataques cesaban quedaba flotando la sospecha permanente de que los campesinos colaboraban con el rival. Con frecuencia deambulaban individuos extraños a los cuales se llamaba "orejas" porque estaban atentos a la menor frase comprometedora.

Si el Ejército tenía la menor sospecha de que ayudabas a la guerrilla, te llevaban preso, te torturaban o te mataban. Si la guerrilla llegaba a tu aldea y te pedían que les dieras gallinas, frijol o maíz; si no les dabas— aunque fuese porque no tenías—, asumían que estabas del lado del ejército y te mataban.

Se calculan en mas de 200 mil los muertos y más de un millón los desplazados, que dejó aquella guerra sin sentido. Escapar o morir era la consigna. Fue así como muchos dejaron sus lugares de origen para marcharse a la capital, pero también a México o a Estados Unidos.

A mi papá, por ser muy respetado en el pueblo, lo nombraron vicealcalde en 1982 y también le tocaba fungir como comisionado militar, es decir como coordinador de grupos locales de patrulleros civiles.

Se supone que estos grupos eran "voluntarios", pero recuerden ustedes lo que le ocurría a quienes no "colaboraban".

Papá cumplió con organizar a los varones de la comunidad, pero también se encargó de dar instrucciones muy claras de que no quería que se cometiera ningún tipo de maltrato o abuso contra nadie en ninguna circunstancia.

"Todos en Santa Eulalia somos familia, somos hijos de los mismos abuelos, nuestras raíces están en Payconob[21] y vamos a protegernos, nunca a hacernos daño. Cualquier problema o malentendido lo resolveremos aquí entre nosotros según nuestra tradición ancestral. Nos respetamos y nos cuidamos. Nadie puede romper nuestra unión. Estas montañas nos han visto crecer y guardan la memoria y los restos de nuestros padres. Sigamos su ejemplo y su tradición.", les decía.

Yo tenía unos seis o siete años cuando empecé a poner atención a lo que se conversaba sobre los combates. Me daba más curiosidad que miedo ver pasar a los pelotones de soldados. No dimensionaba la gravedad de la guerra. Su paso disciplinado, sus uniformes camuflados y sus armas me parecían fascinantes, y en varias ocasiones, aquellos jóvenes —de los cuales la mayoría eran indígenas de diversas etnias mayas de Guatemala—, me permitían tocar las tolvas, los cañones o ver las municiones.

Santa Eulalia era un punto estratégico para ellos. Por estar en lo alto de una montaña se podía divisar cualquier vehículo a varios kilómetros de distancia. Aunque el destacamento estaba fuera, tenían control de entrada y puestos de vigilancia.

---

[21] Pueblo viejo, donde se originó la comunidad de Santa Eulalia.

A los guerrilleros en cambio nunca los podías ver, pero repentinamente estaban ahí. Eran como fantasmas. Es posible que el mismo campesino que de día iba caminando con su azadón al hombro, de noche se transformara en un combatiente con ametralladora. Se aproximaban en medio de la noche, como sombras queridas o temidas, para visitar a sus familias o a buscar comestibles. Nadie podía saberlo pues sus esposas o sus niños podrían parar en una sala de interrogatorio.

Yo no podía distinguir entre uno u otro. Desde una ventana veía que las patrullas militares comenzaban a subir por alguno de los ingresos al pueblo y mi impulso era salir corriendo a la calle gritando:

—¡La guerrilla! ¡Allí viene la guerrilla! ¡Los guerrilleros llegaron!

De un coscorrón me sosegaban para que no gritara eso, porque no eran los insurgentes sino el Ejército el que entraba y cualquier palabra indiscreta podía convertirse en una peligrosa sospecha.

La guerra trastornó la vida en Santa Eulalia, le robó la sonrisa, la calma. Le apagó el espíritu. Escaseaba el maíz debido a las cosechas quemadas o decomisadas, en la comunidad y en los municipios aledaños; los víveres también faltaban porque transportarse por los caminos no era seguro. Incluso había grupos de asaltantes que se hacían pasar por guerrilleros para que nadie se opusiera a los atracos. No había cómo distinguirlos.

En ese tiempo mi papá ya no viajaba a trabajar en las fincas. Dejó esa ocupación que implicaba salir tantos meses del pueblo, en parte por el triste recuerdo del fallecimiento de mi hermanita Juana, pero también porque ya teníamos una parcela otorgada por un programa agrícola del gobierno, en la aldea Cocolá Grande, la cual visitaba a cada cierto tiempo. A ese lugar nos mudábamos, durante los meses de vacaciones escolares, para ir a trabajar.

Papá Marcos también atendía un negocio de textiles, sábanas y ponchos del pueblo, pero no era de él. Además, empezaron a proliferar los radios y otros aparatos eléctricos, por lo cual, poco a poco fue consiguiendo las herramientas para poder instalar su taller de reparación. Lo llamó Centro Electrónico La Nueva Providencia.

Por fin trabajó en aquello que había aprendido de niño en el taller radiotécnico en la capital. Les enseñó a mis hermanos Andrés y Leonardo a reparar radios y relojes. Les explicó los principios de la electricidad, la corriente directa y alterna, las partes de un radiorreceptor justo como lo hizo aquel Señor Ángel 30 años atrás. A pesar del tiempo transcurrido, fue con aquellos conocimientos que él nos proveía el sustento porque ya no viajábamos a las cosechas de finca.

Nuestra casa estaba en el centro del pueblo. La construyó él mismo. Al principio no tenía salida a la calle, pero se las ingenió para poder hacer un trato con los dueños del terreno de al lado. Ellos poseían una vieja vivienda con paredes de lodo y techo de paja que prácticamente estaba en ruinas. Papá les ofreció construirles una casa de block y columnas de concreto a cambio de que le cedieran en propiedad un tramo de acceso a la acera. Fue un arreglo justo, dialogado, de esos que hoy los estrategas de negocios suelen llamar "un gana-gana".

También instalamos una tienda de víveres y golosinas. Vendíamos abarrotes enlatados de todo tipo, aguas gaseosas y bolsas de frituras. Leonardo y yo solíamos encargarnos de atenderla, después de la escuela, mientras mi mamá vendía deliciosos atoles, panes, tamalitos y café en un puesto que instalaba al lado del juzgado, cerca de la iglesia parroquial.

Con la cosecha de trigo venía la fabricación del pan tradicional "sheca". Generalmente iba acompañado por café o atol de arroz. Por las noches, ayudábamos a mamá a atender a la gente que llegaba a comprar y que se sentaba a comer. Era especialmente alegre cuando llegaba la tradición llamada Chib'al[22], entre agosto y septiembre, en la cual salíamos al final de la tarde y comienzo de la noche para atrapar aves migratorias en las lomas cercanas, aunque a veces se hacía sobre los techos de las casas.

Se trataba de una costumbre muy antigua que dictaba la forma de elaborar un pequeño rancho con palos, ramas y paja, en el cual nos protegíamos del frío pero a la vez servía como trampa donde quedaban atorados los pájaros. Se encendían fogatas para atraerlos y allí mismo podíamos cocinarlos para comerlos. A veces, me daba lástima ver atrapados a pequeños chipes de pecho amarillo; los destrababa del chib'al, los sostenía con las manos para observar su fragilidad y admirar sus plumas, luego los dejaba ir, esperando que no fueran a caer en otras trampas, de otros grupos de amigos o familias, que se podían ver a lo lejos con sus respectivas fogatas. Mis hermanos y yo ayudábamos a repartir los vasos de arroz con leche, de atol de maíz quebrantado o los pocillos con café caliente.

Nuestra unión parecía un refugio perfecto contra aquella guerra que nos rodeaba; nuestra familia vivía en una tranquilidad aparente dentro de la cual se fue formando una situación devastadora, sin que nos diéramos cuenta hasta que ya teníamos el problema encima. Mi papá empezó a consumir alcohol. Al principio no se notaba, pero poco a poco empezó a llegar distinto a la casa; después llegaba a altas horas de la noche. Mi hermano mayor Andrés no se mantenía en la casa porque se iba a estudiar a Huehuetenango. Nos visitaba cada 15 días o cada mes y volvía a marcharse.

El alcoholismo de papá pudo deberse a muchos factores: las presiones de ser comisionado, las penas económicas, la ansiedad o alguna "herencia": suponíamos que podía ser uno de esos vicios que venían de familia. Mis abuelos fueron alcohólicos. Los papás de mi mamá también…

---

[22] Construcción de pequeños ranchos de paja y ramas, en los cuales quedaban atrapados pájaros que eran atraídos mediante fogatas. Ocurría en esos meses porque era temporada de paso de aves migratorias.

Mi papá también llegaría a recuperarse, pero antes de que eso ocurriera, nos tocó vivir dolorosas consecuencias: llegaba malhumorado a la casa, protestaba por todo, nos quería pegar con su cincho[23], era como si se tratara de un desconocido.

Lo peor de todo fue que hizo algo que nunca había hecho: pegarle a mamá.

Ella se enfadaba con justa razón y le reclamaba por llegar en ese estado y a esas horas de la noche. Repentinamente escuchábamos los insultos, los gritos y el sonido amargo de las bofetadas o patadas. Nunca la había agredido de esa forma y fue desgarrador presenciar aquello.

—¡Paaapá, no le pegues a mamá! —gritábamos nosotros.

Nadie nos auxiliaba, nadie intervenía y él, en total borrachera, no se detenía.

—¡Paaapá, ya no le pegues! —seguían los gritos y llantos mientras intentábamos sujetarlo, pero no teníamos tantas fuerzas y después nos pegaba a nosotros también, con la mano o con lo que tuviera a mano. Profería insultos, palabras que no entendíamos. Eran noches horribles. En aquella casa llorábamos todos mientras nos preguntábamos en qué rincón oscuro se había quedado encerrado nuestro verdadero papá.

Ver el rostro ensangrentado de mamá era una pesadilla de la cual quería despertar, pero no podía. No sé si fue patada, hebillazo o puño lo que causó aquella herida.

Ella lloraba y la mitad de su rostro estaba rojo. Nos decía:

—¡No se metan hijos!, no quiero que los lastime su papá. Déjenlo, está bolo.

Fueron momentos angustiantes, horribles. Andrés y Leonardo fueron los que más sufrieron durante esta época, porque eran los mayores y

---

[23] Cinturón

recuerdan todo perfectamente. Para mi, son pesadillas borrosas, pero que aún así dejaron traumas que llevó años poder superar.

Después de aquellas agresiones, él se iba a la calle o se quedaba inconsciente. Cuando se salía, mis hermanos se iban tras él para vigilarlo desde la puerta de la cantina del pueblo. Alguna vez me fui con ellos. Fueron horas de aburrida espera en el frío de la calle.

En una ocasión me tocó seguir y "cuidar" a uno de mis tíos que andaba de visita en Santa Eulalia. ¿Qué, los borrachos no pueden cuidarse solos?, me preguntaba yo. ¿Y si no pueden cuidarse, por qué nos ponen a los niños a vigilarlos?, era mi silencioso soliloquio. Sentía desesperación, miedo, impotencia, porque con el paso de las horas decidía entrar a intentar sacarlo de la cantina repleta de ebrios. El tío se ponía agresivo y me decía que me fuera. ¡Vos patojo no me mandás!

Yo le oraba a Dios para que nunca me dejara ser así como mi papá o aquel tío o los abuelos; que nunca pusiera yo a mis hijos o hijas en esas situaciones tan atemorizantes.

El silencio restante nos gritaba preguntas para las que no teníamos respuesta. En aquel tiempo las leyes contra la violencia intrafamiliar tenían muy poca aplicación y a menudo predominaba el machismo. Mamá tenía todas las razones para marcharse del hogar, pero nunca lo hizo. Días después, papá le pedía perdón y ella aceptaba sus disculpas, pero a las pocas semanas se revivía la agresión.

Afortunadamente esa etapa terminó. ¡Gracias a Dios!

Se puede decir que en el pueblo coexistían cuatro creencias: la primera era la espiritualidad q'anjob'al prehispánica, que tenía sus tradiciones y valores. Luego estaba el catolicismo, que dejaba mucha libertad de acción a sus feligreses. Aparte existía una corriente que fusionaba lo indígena y lo cristiano, con una mezcla de santos, oraciones y cantos sagrados con divinidades mayas. Finalmente estaban las iglesias evangélicas, que crecieron mucho a partir de 1982 y que manejaban un discurso de cero tolerancia a cualquier tipo de vanidades, fiestas o adicciones.

En mi pueblo llegaban casi a un umbral de puritanismo. Consideraban que cualquier persona ajena a su comunidad era el diablo. En todo caso, esa postura de abstinencia resultó conveniente para nuestra situación, porque marcó una división entre lo que se quería y lo que no se quería vivir.

Mamá y papá decidieron convertirse en evangélicos porque vieron en esta religión una vía para salir del conflicto interno que había en nuestra casa. Al ser evangélico no se podía ir en absoluto a ninguna fiesta "mundana", no se podía escuchar música que no fuera coros de alabanza, estaba totalmente prohibido bailar o fumar y, sobre todo, no se tenía que ingerir ni una gota de alcohol.

Este requisito, supervisado por otros integrantes de la congregación fue lo que salvó a nuestra familia pues mi papá, desde ese momento cesó de embriagarse y de agredir a mi mamá. Aunque trajo diversas prohibiciones, para nosotros fue un alivio y permitió una reconciliación que llegó justo a tiempo.

Para entonces, el pueblo había cambiado para siempre a causa de la guerra. Las sonrisas habían desaparecido y se convirtieron en ojos vigilantes tras las ventanas; el bullicio se convirtió en susurros detrás de las puertas; a los saludos de las mañanas se les cayeron los pétalos y solo quedaron espinas de desconfianza. Había tensión en los rostros, recelo en las conversaciones, un instinto de sobrevivencia que no dejaba vivir bien.

Cada tres o cuatro meses sucedía una escena espantosa. Llegaba un camión del ejército para llevarse a todos los muchachos que cumplían 18 años, con la finalidad de entrenarlos y convertirlos en soldados.

Se dieron casos de adolescentes de 14 a 17 años a los que se llevaron "jalados". Lo que les interesaba era que pudieran manipular y disparar un fusil. Muchas madres salieron a suplicar a los uniformados que no se los llevaran, pero usualmente era en vano. Bastantes de ellas nunca volvieron a ver vivos a sus hijos. Los miraban marcharse como reclutas que a menudo fueron a parar a las primeras filas de 'defensa' y ni siquiera supieron en dónde fueron a quedar muertos en batalla.

Por si aquel agobio fuera poco, los guerrilleros también llegaban a buscar muchachos. Reunían a los vecinos frente a la iglesia parroquial para decir que luchaban para ayudar al pueblo, que estaba en camino una revolución, ofrecían una sociedad supuestamente más justa, más trabajo, tierra propia y muchas otras cosas, pero no decían cómo pensaban lograrlo más allá de las armas. Luego se regresaban a la montaña, pero se llevaban a jovencitos de 13, 14 o 15 años que terminaban haciéndose duros combatientes o simple carne de cañón que terminaba sepultada en una fosa olvidada entre los cerros.

Curiosamente, en esta vorágine de ráfagas, psicosis y discursos patrióticos amenazantes existía cierta consideración hacia los estudiantes de secundaria o diversificado, siempre y cuando llevaran su carnét de identificación.

Por eso, Andrés siempre lo llevaba a la mano cuando viajaba desde o hacia la cabecera a visitar a la familia, después de varias semanas sin vernos. A mí me alegraba compartir con él esos fines de semana; almorzar y cenar juntos, jugar fútbol, platicar, escucharlo contar lo que había visto y aprendido en la cabecera, descubrir sus sueños y también las tragedias de la guerra de las que se enteraba: caseríos aniquilados, familias despedazadas a balazos, gente cuyo rostro no se volvía a ver nunca más. Nuestros padres oraban juntos por él, le daban consejos y le daban su bendición al marcharse. De las dolorosas heridas de la violencia intrafamiliar solo iban quedando cicatrices.

En una de tantas visitas, Andrés trajo, amarrado con una cuerda, un simpático perrito. Se lo regalaron en Huehuetenango. No sabía de qué raza era, pero su aspecto se ganó mi corazón a primera vista: pequeño, de pelo negro con una especie de cejas anaranjadas, que le daban un aire divertido y amigable. Años después averigüé que su raza era *Cavalier Spaniel*, un perro de compañía muy frecuente en la nobleza británica. No sé cómo llegó aquel simpático amiguito hasta aquel afortunado niño de un pueblo q'anjob'al que era yo.

—¡Te encargo que lo cuidés! —me dijo Andrés al marcharse. Yo encantado.

El perro se llamaba Dinky. No pregunté porque tenía ese nombre. Tal vez porque brincaba mucho al estar contento.

Correteaba conmigo todo el tiempo. Hacíamos competencias y siempre me salía adelante. Todavía puedo escuchar mis sonrisas y sus ladridos al jugar en el pasto. Me lo llevaba con nosotros cuando nos tocaba ir en las vacaciones a trabajar en la aldea de Cocolá Grande. El Dinky brincaba entre los campos y los sembrados. Solía cazar ratones y perseguir ardillas.

Por las noches nos sentábamos cerca de la fogata en la cocina y, en una sartén, yo ponía a freír pedazos de tortilla que le encantaban a él y a mí también. Frecuentemente le compartía de mi comida o mi mamá le preparaba algo con las sobras y los huesos que quedaban del caldo del almuerzo. A ella también le simpatizaba mucho el Dinky, quizá porque era tan amigable, pero seguramente porque notaba el enorme cariño que yo sentía por mi mascota.

Ese perrito me dio valor para mantener la calma y la esperanza, aunque lo que dominaba el ambiente era escuchar historias sobre gente que aparecía baleada o de aldeas incendiadas.

Con claridad me recuerdo la vez en que fui con mis hermanos y mi papá a visitar a mis tíos en *Payconob*, la aldea donde estuvo el pueblo antiguo de Santa Eulalia. Caminábamos en medio de las montañas silenciosas, rodeados por gigantescos pinos y cipreses. La neblina era densa pero al Dinky no le importaba. Corría como siempre entre los árboles y bajo cercos. Salía más adelante de entre un matorral.

De pronto descubrimos, con horror, que de las ramas de varios de los árboles pendían varios bultos extraños. Eran cadáveres. La sangre ya estaba seca. Tenían los rostros desfigurados a golpes. Eran víctimas de la guerra y no teníamos idea de qué bando.

Poco a poco, empecé a preguntarme cómo había gente que pudiera cometer tanta injusticia contra sus propios hermanos. ¿Qué era tan valioso como para asesinar en nombre de eso, en un conflicto armado absurdo, a mujeres embarazadas, abuelitos y niños menores de cinco años? ¿Es que acaso eran tan borrachos de ambiciones y poder como para derramar tanta sangre de su sangre? ¿Podrían arrepentirse alguna vez?

Ni siquiera imaginaba que faltaba muy poco para que la guerra llegara a somatar directamente la puerta de nuestra casa.

9

COCOLÁ GRANDE

Dinky se mareaba sobre sus cuatro patas con el interminable balanceo del *picop* que nos llevaba a nuestro destino "vacacional". Al principio me causaba gracia, pero después de un rato sentía lástima al verlo así. Finalmente se echaba, pero no hallaba en donde descansar la cabeza. Yo lo cargaba por momentos, le daba agua y me aseguraba de que no fuera a caerse de la palangana del picop en el cual viajábamos por horas.

Tal como relaté antes, durante mi infancia no tenía vacaciones en el sentido estricto de la palabra porque, durante el descanso de clases, nos mudábamos con mis padres y hermanos, hasta Cocolá Grande, aldea localizada en el extremo oriental del municipio, para trabajar en un terreno propiedad de mi padre.

El cambio era radical. Del frío perenne en el pueblo principal, a 2,400 metros sobre el nivel del mar, descendíamos hasta un entorno tropical, con palmeras y árboles frutales frondosos a solo 600 metros sobre el nivel del mar, con un calor que parecía anunciar la cercanía de una playa, pero no había ninguna, excepto la ribera del caudaloso río Yulá San Juan.

El Estado le asignó a mi papá una parcela en aquella aldea, que está a solo 47 kilómetros de la cabecera municipal, pero para recorrerlos se necesitaban hasta cinco horas debido al pésimo estado del camino que parecía tener garras y dientes. El gobierno repartió tierras a los campesinos durante la década 1980, a través de un programa del Instituto Nacional de Transformación Agrícola (INTA), como parte de las estrategias para reducir la adhesión a los grupos guerrilleros.

Llegar hasta Cocolá Grande era toda una odisea.

Primero había que transportarse de Santa Eulalia al municipio vecino, Santa Cruz Barillas, que prácticamente era el poblado más grande de toda la región. Allí, mis padres pasaban por una gran abarrotería para comprar algunos víveres, pero también herramientas: azadones, machetes, piochas, piedras de afilar: todo lo necesario para la cosecha. También adquiríamos bolsas de shecas para compartir con la gente que nos esperaba.

En Barillas se abordaba un picop todoterreno que nos trasladaba a través de unos 35 kilómetros de rudo camino, hasta la finca Yulá San Juan, cerca del gran río así llamado. Y cuando digo gran río me refiero a un caudal majestuoso imposible de cruzar a pie.

A pura sacudida y en constante descenso bajo el fuerte sol, las piedras crujían bajo el girar lento de las llantas. Aunque impresionaba la abundante vegetación que bordeaba el camino, este podía llegar a parecer interminable y aburrido. Enormes árboles formaban altos túneles verdes. De los montes caían riachuelos en pequeñas cascadas. Había tramos estrechos en los cuales la baranda del picop casi topaba con el paredón lodoso de un lado, pero no podía despegarse porque se transitaba a la orilla del desfiladero. A veces se oía hablar de accidentes de vehículos que se despeñaban por un derrumbe o un fallo en los frenos. Era prácticamente prohibido hablar de eso mientras se pasaba por aquellas vías sinuosas.

El rugido del río Yulá San Juan se comenzaba a oír varios kilómetros antes de poder verlo. El descenso seguía parsimonioso, a vuelta de rueda, aunque las primeras casas divisadas entre los árboles anunciaban la cercanía.

Un puente colgante hecho de cables y tablas de madera marcaba el final de un tedioso recorrido: ¡35 kilómetros en más de cuatro horas!

En Yulá San Juan podíamos tomar un descanso de tanta sacudida, sol y polvo. Dinky era el primero en lanzarse de la palangana del picop y respiraba con la lengua de fuera, como si acabara de lograr una proeza.

Pero aún no habíamos llegado a nuestra parcela.

En ese punto nos esperaba una familia amiga que hacía el favor de cuidar nuestro terreno la mayor parte del año. Llegaban para ayudarnos a acarrear nuestras pertenencias y herramientas.

Había bienvenidas, saludos, exclamaciones sobre lo grandes que estábamos los hijos de Marcos y Lucía. Después, a caminar. Eran otros 12 kilómetros de veredas empinadas que significaban otras tres horas de valles, vegas y cerros.

Debo decirlo, la gente de Cocolá Grande era extraordinariamente amable y lo sigue siendo. A nuestra familia le tenían mucho cariño. Tres décadas después volví a visitar este poblado y sentí la misma calidez de aquellos tiempos cuando puntualmente llegaba el hermano Sey[24].

Acudía a recibirnos montado en su caballo blanco y con varias mulas para colocar nuestros costales con pertenencias y herramientas. Esto era una ayuda para emprender el último y largo trecho. Sey cargaba a Eulalia — una de mis hermanitas— sobre su espalda hasta Cocolá Grande. Le acompañaban otros familiares y amigos que no paraban de conversar sobre las lluvias recientes, la evolución de las siembras o los decesos recientes. Yo no platicaba tanto porque iba más pendiente del Dinky, para que no se

---

[24] Eliseo, en q'anjob'al

perdiera entre los pajonales o se fuera por otra vereda. Tenía que estarle silbando y llamándolo porque se ponía a mordisquear yerbas.

—¿Te duele la panza? —le preguntaba yo.

Al final del día llegábamos hasta el valle en el que se distinguían los abundantes árboles que hacían sombra a los cafetales de la parcela. Entrábamos aliviados a la pequeña casa de tejas de madera, mi papá se despedía de la gente, mientras nosotros nos preparábamos para dormir pues estábamos rendidos. Al día siguiente había que levantarse antes que el sol para trabajar y así por los próximos dos meses.

En nuestra parcela recolectábamos café y cardamomo. Eran jornadas largas y agotadoras. Salíamos juntos de casa hasta llegar al sitio de trabajo entre montañas bañadas de rocío y cantos de aves. Desde temprano la temperatura se sentía cálida y en verdad extrañábamos las nubes frescas de Santa Eulalia, aunque había tardes de intensos aguaceros con todo y relámpagos que mostraban las siluetas de los cerros.

Todo tiene su lado bueno y lo que más me encantaba de esa temporada en Cocolá Grande era que podía comer cuantos bananos quisiera, pues abundaban en esa región. La vegetación era variada y vistosa, como una selva, con mariposas de raros colores e insectos exóticos. Mis favoritos eran las luciérnagas, que creaban un cielo de estrellas en movimiento. Trataba de adivinar donde volvería a encenderse, pero a veces eran tantas que no podía seguirle el rumbo a una sola. A veces, para terminar la noche, papá encendía una fogata y hasta nos quedamos dormidos por buen rato antes de entrar a nuestra casa.

Mamá nos enseñó a cosechar correctamente el café, con paciencia y a la vez agilidad. Paciencia para saber cuáles granos están listos para el corte y cuáles dejar para que maduren. Agilidad, para hacerlo rápido y llenar más canastos. En honor a la verdad, a los más pequeños no nos convenía mucho ser tan eficientes, porque lo que uno cosechaba lo debía llevar cargado hasta donde lo almacenábamos. Así que al comienzo fui muy veloz y logré recoger unas 50 libras y llené mi costal. Me creí súper listo, pero a la hora de transportarlo sobre la espalda me resultó muy agotador. Mi hermano me ayudó, pero a la próxima ya medí mejor cuánto podría cargar.

Guardo con mucho cariño una fotografía de esa época en la cual aparecen mis hermanos Andrés y Antonio, junto a mamá Lucía, entre las matas de cardamomo y café. Yo no aparezco porque tomé la fotografía y para entonces aún no se había descubierto plenamente las *selfies*. Recuerdo que fue poco después del almuerzo, un esperado descanso al cual yo siempre llegaba con mucha hambre.

La comida era sencilla pero más de tres décadas después, no he encontrado sabor que se le equipare ni en el mejor de los banquetes de un restaurante con tres estrellas Michelin o el de un hotel de cinco estrellas: El menú usual eran *pishtones*[25], frijoles negros y atol de maíz. A veces sólo había tortillas con sal y aguacate, que era mi favorito. De beber, agua pura en una jícara o en un recipiente plástico. Si queríamos postre podíamos cortar otro banano directamente del racimo.

Todo era sencillo, frugal, sobrio. En verdad, extraño esos momentos de convivencia con mi familia, pues bajo aquel gran cielo silencioso quizá nos hacían falta muchas comodidades, pero nunca la esperanza, la unión ni el amor.

Bajo aquellas bóvedas verdes, junto con mis hermanos aprendimos a identificar los cantos de los pájaros, a seguir rastros de animales como armadillos, pizotes o gatos de monte, pero sobre todo a tener muchísima precaución con las serpientes, porque una mordida de barba amarilla o una coral sería el fin.

Mi papá nos asignaba pedazos de terreno, sembrados con milpa, frijol y plantas de ayote, una especie de calabaza. Esto también lo hacía en

---

[25] Tortillas gruesas de masa de maíz

Santa Eulalia en un pequeño terreno heredado de mis abuelos. Durante las "vacaciones" de Cocolá Grande trabajábamos nuestra tierra y recibíamos las enseñanzas ancestrales sobre esta labor.

Entre los hermanos comenzamos una competencia por ver quién lograba la mejor cosecha y la calabaza más grande. Por eso, una vez mi hermano Leo me hizo una broma que me hizo llorar inconsolablemente un buen rato. La abuela solía contarnos leyendas y antiguas tradiciones, entre ellas lo que les ocurría a las personas a quienes un familiar les lanzaba una maldición: se enfermaban, se morían o sus siembras se secaban.

Leonardo, por su edad, ya comprendía que aquellos relatos eran simbólicos, mientras que yo, niño ingenuo, creía todo al pie de la letra.

Una mañana, mientras pasaba frente a mi pedazo de terreno sembrado, dijo:

—¡Lanzo una maldición sobre tus frijoles!

Se carcajeaba cuando lo dijo, porque para él era una broma. Para mí ello hacía más grave, perverso e irremediable el "maleficio".

Con el paso de los días yo miraba que mis plantas de frijol no crecían en absoluto y llegó el momento en que me puse a llorar por horas, creyendo que estaba hechizado con un infortunio perpetuo.

Mi mamá intentaba explicarme que aquello de la maldición no existía y mi papá regañó a Leo por jugarme esa broma, aunque creo que también le causó alguna gracia.

Finalmente, semanas después, coseché frijoles sanos y ricos en mi campo. Entonces entendí que era solo una superstición.

Sonreí al recordar ese episodio, casi 25 años después, al ver las plantaciones de maíz y de frijoles cuando regresé a Cocolá Grande para un proyecto educativo en la aldea que apoya los estudios de básicos y diversificado, incluyendo la instalación de un laboratorio de computación. Aunque el poblado ha tenido algunos cambios, incluyendo acceso por vehículo, el rezago persiste. Desde la capital siguen siendo casi 17 horas de viaje. El camino se parece al del pasado, solo que un poco más largo, accesible solo en vehículos todoterreno. La comunidad aún no cuenta con conexiones eléctricas, aunque unas casas tienen paneles solares que sus dueños han comprado con remesas enviadas desde Estados Unidos por familiares que han emigrado. Hay caseríos muy cercanos que no tienen carretera, ni escuela.

Cuando se juntaban diez o quince quintales de café en Cocolá Grande, mi papá enviaba a Andrés hasta la cabecera de Santa Cruz Barillas para venderlo a los intermediarios que se encargaban de transportarlo y distribuirlo a los beneficios de café. Nosotros éramos pequeños productores y no podíamos procesarlo; además quedábamos sujetos al precio dominante que por lo regular no era muy alto, pero daba alguna ganancia para sobrevivir. A todos los hermanos nos correspondía llevar sobre la espalda algunos de los sacos de grano desde nuestro terreno hasta la carretera.

Era el mismo camino de subidas y bajadas empinadas, a pie, hasta Yulá San Juan. Al pasar sobre algunos puentes colgantes peatonales sentíamos la ilusión de volver ya a nuestra casa en Santa Eulalia, pero no, todavía faltaban varias semanas. Todo el cargamento se colocaba en un picop fletero y a mi hermano Andrés, que entonces tenía unos 14 años, le tocaba llevarlo a veces a Barillas y, en otras ocasiones, hasta Santa Eulalia. Su misión era entregar el producto, cobrar, guardar el dinero en casa y volver.

Dado que era un camino tan largo y solitario, siempre existía riesgo de algún asalto, aunque en ese caso no había mucho por hacer. Por eso, Andrés solo traía un poco del total cobrado. Sin embargo, en uno de esos viajes, se le ocurrió llevarse a escondidas una pistola que mi papá mantenía.

Sabía que él no le daría permiso de llevársela si se la pedía. Por eso no le avisó.

"Por si acaso", pensó.

Emprendió el viaje, con la seguridad y la emoción de ir "armado", hasta que a la mitad de la ruta se topó con un puesto de registro del Ejército.

Sí, la guerra seguía allí. En aquel tiempo de sospechas y capturas indiscriminadas, si le encontraban la pistola sin licencia a un menor podrían suponer que era un guerrillero o que la trasegaba para alguien de la insurgencia. Era un motivo forzoso de encierro e interrogatorio inclusive con tortura en alguna instalación militar. Hasta podían matarlo. Aunque dijera la verdad, que el arma era de su papá, no le iban a creer. O podían ir a arrestarlo a él también.

Andrés sudaba y se imaginaba encerrado en un lugar donde le pegarían y nadie lo hallaría. Se acordó que varias veces vimos en el destacamento militar de Santa Eulalia a hombres capturados, desnudos, cabeza abajo, a quienes dejaban colgados bajo la lluvia, amarrados por los pies. Pasaban llorando toda la noche, suplicaban que los soltaran y a veces los dejaban allí hasta que morían.

Había tres vehículos en fila de espera para la revisión. Andrés recuerda perfectamente que iba en la cabina de un picop *Toyota Land Cruiser*, sólo él junto al piloto. Si lanzaba la pistola al monte podrían verlo, además tendría que explicarle la pérdida del arma a mi papá. Los soldados hacían un minucioso registro de los pasajeros, las guanteras, el piso de los picops y hasta debajo de la carga.

Llegó su turno. Lo único que se le ocurrió en fracciones de segundo fue meterla disimuladamente debajo del asiento del piloto, que se había bajado a presentar sus documentos al oficial. Comenzó el registro.

Levantaban los costales, revisaban debajo de la carrocería, abrieron la capota del motor, todo en orden. Otro soldado bajó a Andrés para revisarlo a él; buscó en el respaldo del asiento y en la gaveta frente al pasajero; levantó las roídas alfombras de hule.

Del lado del piloto, otro militar buscó detrás del otro respaldo y estaba a punto de registrar debajo del asiento cuando el oficial los llamó y les dijo que ese picop estaba limpio y que lo dejaran pasar.

El resto del camino, Andrés se preguntaba, ¿qué hubiera pasado si el soldado halla la pistola en el asiento del piloto? Se hubieran llevado detenido al conductor, acusado de portar un arma ilegal; lo habrían interrogado, tendría una muerte en su conciencia. Cuando llegó al pueblo descargó los costales y recogió la pistola.

—¡Así que es tuya! —le espetó el piloto, quien se extrañó al encontrarla bajo su asiento, pero la dejó en su sitio pues creyó que le pertenecía a alguno de los hombres que viajaban en la palangana, los cuales podrían ser militares o guerrilleros. No se sabía en quién confiar, ni se podía, ni se debía.

Andrés dejó bien oculta el arma en nuestra casa y regresó a Cocolá Grande. Lo primero que hizo fue contarle a mi papá lo ocurrido. Esperaba un regaño, pero recibió un abrazo. Papá le dijo que siempre debía tener cuidado con las decisiones que tomaba. Y que no volviera a tomar el arma sin su autorización.

Cuando ya no quedaban calabazas por recoger, las milpas estaban dobladas, los cardamomales vacíos y a los cafetales sin granos, nos regresábamos al pueblo. Papá volvía a su taller y nosotros, a la escuela. El Dinky parecía saber que volvía a las llanuras frescas y se subía de un brinco al picop en Yulá San Juan. Hasta que una vez….

Fue uno de los momentos más tristes de mi infancia. Tan duro que por muchos años no quise volver a tener una mascota para no pasar nunca más por una pérdida así. Posiblemente para mucha gente parezca un asunto sin mayor importancia, pero a mí me dejó consternación y una nostalgia que perduró por años.

Dinky era tremendamente amigable y juguetón. Se acercaba sin temor a las personas y les movía la cola. En medio de los cafetales pasaba un río, no muy ancho, pero sí caudaloso, afluente del Yulá San Juan. Unos jóvenes que se bañaban en él agarraron al Dinky y lo lanzaron al agua, al parecer por pura diversión. Se carcajeaban. Fue una acción muy tonta porque el perrito no les estaba haciendo nada. Dinky nadó con todas sus fuerzas hasta la orilla y cuando casi lograba salir de la poza lo volvieron a lanzar.

Dinky salió del agua por segunda ocasión y lo tiraron de nuevo. No sé cuántas veces se repitió aquello. No recuerdo en dónde andaba yo, pero cuando lo encontré, el pobrecito temblaba de frío, temblaba de agotamiento, temblaba de miedo.

Alguien me contó lo que había ocurrido. Me sentí mal por no haber estado allí antes. Recogí a mi mascota. Lo llevé corriendo hasta la casa, lo sequé y lo puse junto al fuego para que recuperara el calor. Pero no paraba de temblar. Por fin se fue calmando pero no quiso salir de la casa. Se quedaba echado con los ojos abiertos. Por ratos temblaba. Gemía silenciosamente durante la noche. Pegaba brincos y, aunque yo le hablaba, era como si no me oyera. Cinco días después murió.

Yo era un niño y aquella fue una enorme y dolorosa pérdida. No dejaba de pensar que fue una acción cruel la de aquellos muchachos malvados. Era todo tan absurdo. Una barbaridad. Yo me sentía enojado, triste y como dije antes, con una sensación de culpa por no haber podido defenderlo. Acariciaba su cuerpo inerte y le hablaba. Yo lloraba por Dinky y al verme, mi mamá lloraba también. No podía creer que aquel compañero de tantos juegos estuviera muerto, tieso, como un peluche viejo.

Abrimos un hoyo detrás de la casa de tejas de madera de Cocolá y lo enterramos. La tierra era suave pero cada piochazo en ella fue tan duro de dar. No quería separarme de él pero lo coloqué en el fondo; no quería dejarlo ir hasta que empezamos a cubrirlo con tierra.

Allí quedó mi perrito querido.

El camino de regreso a Santa Eulalia fue desolador ese año. La subida constante, con las mismas curvas y el mismo polvo tenía un sabor a tristeza que aumentaba con cada recuerdo feliz que venía a la mente.

Volvimos a Cocolá al año siguiente e imaginé que Dinky salía ladrando y corriendo detrás de otra ardilla entre las calabazas desperdigadas por las laderas, pero no. Se había quedado sepultado para siempre en aquella parcela, al igual que un pedazo de mí.

10

FUEGO EN LAS MONTAÑAS

Entre los valles verdes del occidente guatemalteco solían escucharse, en la década 1980, ecos del tableteo lejano de ametralladoras o explosiones que uno podía preguntarse si eran bombas o los truenos de una tormenta, si no es que ambas cosas.

Mi hermano Leonardo estaba en un aula de la escuela junto a sus compañeros, en una mañana normal de clases, cuando llegaron los soldados para efectuar uno de los llamados "actos cívicos". Sacaban a todos los alumnos al patio, los formaban en filas rectas, a la distancia de un brazo. Debían colocarse en posición de firmes, para luego presenciar la entrada de la bandera nacional, a la que se hacía un respetuoso saludo con la mano el pecho. Después seguía un juramento, que por lo regular era pronunciado, frase por frase, por un alumno seleccionado y todos debían repetir. "Bandera nuestra, a ti juramos, devoción perdurable, lealtad perenne, honor, sacrificio y esperanza hasta la hora de nuestra muerte. A ti juramos velar y aún morir porque ondees perpetuamente sobre una patria digna". A continuación, todos cantaban en español el himno nacional.

Después seguía el discurso del oficial a cargo. Con su traje de combate, les hablaba a los niños acerca de la fidelidad que debían demostrar a su nación y luego hacía referencia a los guerrilleros, a quienes describía como comunistas, marxistas leninistas, cobardes, traidores a la patria que se esconden en las montañas, asesinos del pueblo, delincuentes, ladrones, subversivos, mentirosos, etcétera. Los culpaban de todos los males. Curiosamente, eso mismo hacían los guerrilleros cuando hacían sus incursiones en otros días. Mi hermano solía preguntarse qué pasaría si ambos bandos se llegaran a encontrarse frente a frente en la escuela.

Mientras imaginaba el salvaje combate en el patio y las aulas, el jefe de la unidad militar, fusil en mano, continuaba su explicación a voz en grito:

—¡La guerrilla es su enemigo, es nuestro enemigo! ¡Denúncienlos porque si no lo hacen, ustedes serán perseguidos y castigados al igual que ellos, por cómplices!

Al terminar el acto cívico, la vida volvía tímidamente a la escuela.

Durante una de esas actividades, ocurrió algo que no dejó regresar la tranquilidad en un largo tiempo. El líder de ese grupo armado anunció que venía una lección que debía servir de ejemplo a todos.

Leonardo, que entonces tenía unos 11 años, recuerda que colocaron frente a los escolares a un hombre amarrado y sangrante. Tenía la ropa rota y estaba descalzo. Lo hincaron en el suelo.

—¡Lo que está por pasarle a este traidor le ocurrirá a todos los que se unan a la guerrilla! —sentenció aquel oficial. Atado con las manos atrás, dos soldados sostenían al prisionero, que apenas podía abrir los ojos amoratados a golpes.

El oficial le puso la pistola en la sien. Con toda la frialdad y sin la menor vacilación le disparó.

El estallido salpicó de sangre a todos lados.

Los soldados lo soltaron y el cadáver quedó en el patio de la escuela.

Leonardo tuvo pesadillas espantosas de gente sin cara y con ropa camuflajeada que sacaba a nuestra familia de la casa y nos disparaba sin lástima en el rostro mientras él gritaba.

Sí, la guerra derribó a patadas las puertas de muchas casas; metió sus serpientes venenosas por las ventanas, agujereó a balazos los techos, les puso orejas a las paredes. Familias completas desaparecieron de un día para otro y no porque se hayan mudado.

Campesinos detenidos y llevados al destacamento militar dejaron vacías sus siluetas en los campos; gente que para huir de la muerte salió a toda prisa con sus niños en brazos hacia la montaña fue declarada enemiga del Estado. A otros, en cambio, la guerrilla llegó a secuestrarlos y no se volvió a saber de ellos. La rutina se volvió locura y la locura se hizo rutina.

Las pacíficas montañas de Santa Eulalia, los frondosos árboles, las fantasmales neblinas oyeron los gritos de dolor, el rugido de los fusiles, los estruendos de los bombardeos; las columnas de humo y los techos de madera en llamas se volvieron una imagen trágicamente usual.

Durante nuestras estadías en Cocolá Grande podíamos ver el sobrevuelo de aviones sobre la planicie del Ixcán, en el vecino departamento de Quiché. Estábamos atentos al momento en que dejaban caer bombas y con ingenuidad infantil contábamos, como un juego, los segundos que tardaba en llegar el ruido de la explosión. 1...2...3...4...5...6... 7

... Y sonaba el trueno de muerte.

Atacaban los campamentos guerrilleros, pero a esa velocidad y desde esa altura, algunas cargas explosivas fácilmente podrían caer sobre caseríos o viviendas que no tenían nada que ver con el conflicto. Después de cada ataque sobrevenía un profundo silencio y una brisa triste.

En ese momento nos preguntábamos: ¿Qué pasaría si alguna vez atacaban cerca de nuestra casa o en algún campo cuando estuviéramos trabajando?

El enfrentamiento armado interno dañó mucho el tejido social de nuestros pueblos y de toda Guatemala, al extremo que la misma guerra también fue usada para disimular otros delitos, como ocurrió una vez precisamente en Cocolá Grande: un grupo de personas armadas que se decían miembros del ejército y portaban trajes de combate, llegaron a capturar a un señor en su casa.

Lo sacaron a patadas y golpes, lo insultaron y lo acusaron de ser subversivo y de apoyar a los comunistas. Él lo negaba, pero nadie se atrevió a defenderlo, excepto dos hijos a quienes también golpearon sin piedad.

Aquello fue indignante, dolió mucho en mi familia porque se trataba de un amigo: mataron a Jacobo. Mi papá, nos contaba que también, en algún momento, nos llegaba a traer al río Yulá San Juan en su caballo blanco, un campesino amable que cargaba a mis hermanos pequeños cuando se cansaban del largo camino hasta la parcela.

Nadie se atrevió a defenderlo porque era un uniformado quien lo señalaba.

—Vos colaborás con la guerrilla.

Jacobo insistía en que no tenía nada que ver con eso.

—Yo no soy guerrillero señores. ¿De dónde sacan eso?

Su familia, su mujer, sus niños, gritaban de espanto, dolor e impotencia.

Los uniformados le quitaron la camisa y el pantalón para azotarlo con lazos, hasta sacarle sangre de la espalda. Después lo crucificaron en un árbol. Sí, como un Cristo, lo clavaron de manos y pies a las ramas y tronco de un árbol. Allí estuvo Jacobo por horas, gritó, agonizó y murió.

Mi papá intentó abogar por él. Les insistió en que no era cierto que Jacobo fuera guerrillero, porque era un campesino honrado, pacífico, noble, servicial. Pero aquellos extraños "soldados" le advirtieron a mi papá que podía correr la misma suerte si seguía defendiéndolo. Junto con él, mataron a dos de sus hijos. Les dispararon. Tres vidas inocentes truncadas por el odio.

Tiempo después se sabría que aquel brutal crimen se debió en realidad a un despojo de tierras. Los uniformados no eran soldados, sino particulares que se habían disfrazado para infundir miedo. Querían que Jacobo vendiera sus terrenos a un precio bajísimo. No aceptó porque era la herencia que le dejaron sus padres. Entonces se aprovecharon del enorme terror que generaba la guerra para cometer un brutal asesinato en total impunidad.

Su familia recogió su cuerpo y el de sus dos hijos para sepultarlos. Nunca hubo justicia para aquella muerte, como para tantas miles. Décadas después la familia de Jacobo aún vive en Cocolá Grande, en la tierra que él defendió con su propia vida.

Pero en la guerra no hay tragedias ajenas y llegó el momento en que aquella temible bestia comenzó a arañar nuestro techo con sus garras y comenzamos a experimentar miedo constante. Nuestra paz fue arrasada porque mi papá fue amenazado de muerte. En esta ocasión no por el Ejército ni por falsos soldados, sino por la guerrilla.

Como relaté antes, él era uno de los vicealcaldes de Santa Eulalia y siempre estaba atento a las necesidades de la comunidad. Le tocó organizar a patrulleros civiles y se mantuvo muy seguro de su identidad, sus valores y su amor a su gente. Advirtió a todos los integrantes que no cometieran abusos contra nadie.

Papá tenía claro que a muchos paisanos el ejército les arrebató padres, hijos, hermanos o primos y en respuesta decidieron irse con la guerrilla. No era legal. Pero para algunos se volvió una causa lógica. A otros, fue la guerrilla quien les mató a sus familiares, por lo tanto apoyaban las ofensivas militares.

Papá Marcos vivió momentos difíciles al saber de las muertes violentas de amigos o al enterarse de ciertas instrucciones del alto mando militar. Cuando tenía sus dudas éticas sobre cómo proceder ante determinadas situaciones difíciles, recurría al consejo de mi mamá. Ella era el gran pilar de la familia, era justa, sabia y siempre velaba por el mejor interés de todos. Le daba una opinión sincera y prudente. Lo protegía como a nosotros. Ella hubiese sido capaz de dar su vida para salvarnos y para salvarlo a él.

Mi papá tenia un amigo desde la juventud llamado Juan. Se unió secretamente a uno de los comandos guerrilleros. Ninguno estaba enterado de eso hasta que los soldados pasaron preguntando por él con una foto arrancada del registro civil.

Ciertamente, Juan había desaparecido del pueblo desde hacía semanas y se quedó con los "montañeses" porque prácticamente había orden de captura en su contra. Si una patrulla lo detenía eran seguras las torturas, el encierro y la ejecución. Mis hermanos y yo presenciamos, sin querer, algunos de esos violentos interrogatorios. Residíamos al lado del juzgado, el lugar en donde se instalaron los militares.

Vimos a personas vivas colgadas de los pies. Les preguntaban cosas, les pegaban. ¡Digan la verdad!, les exigían y los insultaban. Los dejaban amarrados de pies y manos a un palo bajo la lluvia fría de Santa Eulalia. Algunos resistían, pero después de varias noches así, morían por hipotermia y desangramiento. Observamos por una rendija cuando descolgaban los cuerpos y los tiraban como sacos en un corredor, como si aquellas muertes no significaran nada, como si esas vidas arrebatadas no fueran humanas, ni sus victimarios. Desconocíamos sus nombres, su proveniencia o si sus familias supieron dónde fueron enterrados.

El juzgado-oficina militar estaba a la par de nuestra casa y por eso fue impresionante lo que ocurrió una madrugada. Todavía estaba oscuro cuando alguien llegó a tocar la puerta de la casa. Suave pero insistentemente. Era Juan, el amigo guerrillero, que preguntaba por mi papá.

—¿Qué andás haciendo, Juan? ¡Es peligroso que andés aquí! si te miran los soldados, te matan —le dijo él muy sorprendido de verlo.

— Marcos, vine a avisarte que el comandante de nuestro frente de montaña ordenó un ataque en Santa Eulalia para dentro de dos días. Nos dio la instrucción de que matemos al alcalde y a los vicealcaldes. Que los saquemos de su casa y les disparemos. También nos ordena quemar la municipalidad, el juzgado y la escuela. Marcos, te vine a decir para que huyás del pueblo. Yo me regreso rápido a la montaña para que no descubran que te vine a avisar y para que no me agarren los soldados.

—Gracias, Juan. Te pusiste en peligro de muerte para venir a avisarme. Te lo agradezco. Andate con cuidado. Sos un gran amigo, sos un hermano. Dios te bendiga —le dijo mi papá y le quiso dar algo de dinero, pero Juan no aceptó.

—Somos amigos y los amigos se ayudan. No quiero que te pase nada Marcos. Siempre has sido servicial en el pueblo y es injusto que te pase algo. Pero debés irte del pueblo. Hacelo por tu familia. Tal vez no tengás otra oportunidad.

En lugar de salir huyendo por aquel aviso, mi papá pensó primero en la comunidad: en los registros y documentos históricos de la municipalidad y del juzgado, específicamente. Se comunicó a toda prisa con otros vicealcaldes. Les contó que "de parte del ejército" le habían advertido que se venía un ataque guerrillero contra el pueblo pero que no podían preguntar nada a nadie para evitar ser considerados sospechosos. Dijo así para no tener que dar más explicaciones sobre el origen de su información.

En otros pueblos habían incendiado sedes municipales con todo y registros civiles o de propiedad. También juzgados de paz y estaciones de policía. No había tiempo de transportar todo sin levantar sospechas de la advertencia así que les propuso una idea: en la habitación principal de la sede que ocupaba el juzgado municipal empezaron a levantar un muro falso de adobe, que dejaba un compartimiento oculto en el cual metieron los libros de nacimientos y defunciones, los títulos de tierras, expedientes de justicia y otros papeles que registraban la memoria del pueblo. Una vez guardado todo, terminaron el muro hasta el techo. Le colocaron tablas y adobes delante, para disimular. Era una pequeña bóveda improvisada. No se notaba que tras la pared estaban tantos legajos y archivos. Terminaron a las cuatro de la tarde. Después, mi papá se despidió de nosotros y salió del pueblo. Se fue a esconder a Nancultac, donde unos primos.

En lo más silencioso de la madrugada llegó la guerrilla buscando al alcalde y a los vicealcaldes, por nombre. La incursión ocurrió mientras los soldados efectuaban patrullajes nocturnos en otras áreas del municipio, así que tenían poco tiempo. No lograron localizar a las autoridades en sus casas.

¿Dónde está el comisionado Marcos? Lo entraron a buscar en nuestra casa y nosotros dijimos que no sabíamos a dónde había ido. Podían habernos disparado y matarnos en venganza, aunque realmente lo buscaban a él por ser figura de autoridad del Estado.

—¿Cómo se habrán enterado de que veníamos?, preguntaba, furioso, el jefe del comando.

—¡Búsquenlos bien en las otras casas!

Igual le rociaron gasolina al juzgado y lo incendiaron. Odiaban ese lugar porque ahí habían hecho interrogatorios y torturas contra compañeros suyos.

El fuego fue espantoso y el humo negro nos dio mucho miedo porque entró a nuestra casa. Nos dio miedo morir quemados o asfixiados. Los guerrilleros se fueron corriendo poco antes de que empezara a aclarar el día. Los soldados regresaron de inmediato al pueblo al ver la quemazón. No dormimos nada aquella noche. Permanecimos escondidos debajo de las camas; las puertas de metal no se podían abrir porque estaban bloqueadas con mesas, blocks o sacos de cemento. Si nuestra casa se hubiera incendiado, habríamos muerto carbonizados porque no había escapatoria.

Se consumió buena parte del juzgado, el techo de la escuela pública y varias tiendas. Nos dio tanto miedo que lloramos al lado de mamá, quien nos decía que hiciéramos una oración a Dios para que el fuego no nos alcanzara. El humo nos picaba la nariz y nos hacía arder los ojos.

Entre vecinos y soldados sofocaron las llamas. Entraron a sacarnos a la casa. Los montañeses ya se habían ido.

En el juzgado se consumió todo, pero detrás del muro recién construido encontraron intactos los registros municipales escondidos. La memoria documental del pueblo quedó a salvo y hasta la fecha existe gracias a esa acción de los vicealcaldes y concejales. Pero mi papá ya no podría estar seguro en Santa Eulalia.

Se ocultó en aldeas. Se movía de un sitio a otro. Unos días regresó a la casa, pero desde aquella madrugada, ya no abrió su taller, ya no podía ir tranquilamente al campo ni andar confiado por la calle. Los guerrilleros lo buscaban directamente a él.

La única opción que encontró fue emigrar a Estados Unidos. Le dijo a mi mamá que sería algo temporal. No podía permanecer sin trabajar pues debía darnos de comer. La economía era precaria y no quería que sus hijos pasaran hambre.

Sentí que fue algo repentino pese a que ya habían pasado varios días desde el incendio. Se despidió de nosotros. Fue un momento doloroso.

—Mis hijos, me tengo que ir porque hay unos hombres que quieren matarme. Necesito trabajar para mantenerlos. Me dijeron que en Estados Unidos hay trabajo. Allá están unos tíos suyos. Quiero que se comporten bien con su mamá, que sigan estudiando y que la obedezcan en todo. Me los llevo a todos en mi corazón… me duele irme, pero así es la situación. No sé cuándo podremos hablar otra vez, pero primero Dios será muy pronto. Adiós.

Y nos abrazó uno por uno.

Yo tenía nueve años y lloré cuando le dije adiós. No quería soltarlo.

—¡Sea valiente Marcos! ¡Se porta bien! —me dijo

Era el año 1987 y de tantas bombas lanzadas, sobre aquellas montañas que antaño eran apacibles y seguras, una había explotado directamente en el corazón de nuestra familia.

11

CASA VACÍA

Con los avances digitales, en unos cuantos instantes es posible enviar un mensaje de texto, mensajes de voz o videos en este 2019 que se publican estas memorias. Toma tan solo unos segundos ver hoy en un teléfono inteligente las fotografías de numerosos amigos en redes sociales o efectuar una videollamada que a la velocidad de la luz nos coloca ante la mirada, el rostro y la voz de un ser querido que se encuentra físicamente a cientos o miles de kilómetros.

Todo eso era ciencia ficción en 1987, cuando la partida de un migrante con rumbo a Estados Unidos era un limbo de incertidumbre, un prolongado y angustioso silencio cuya duración podía ser de semanas o meses. Paradójicamente sigue siendo así en muchos casos en la actualidad con el fenómeno actual de la migración, que ocurre ya no por la guerra sino por la pobreza, la violencia de las pandillas y la falta de oportunidades para los jóvenes. La gente se marcha y apenas si logra hacer una llamada a medio camino. Muchos mueren atropellados o quedan lisiados por el tren conocido como La Bestia. Otros son secuestrados o asesinados en asaltos.

Si actualmente es así, hace tres décadas era una agonía oscura, larga y silenciosa.

Era inevitable extrañar a mi papá al ver sus zapatos boquiabiertos en un rincón de la casa, sus sombreros sin rostro, sus herramientas del taller eléctrico sin uso y hasta la perspectiva de la calle desprovista de su figura conversando con algún amigo de camino al campo.

Anhelábamos verlo en el parque jugando basquetbol con sus amigos o dándole ánimos a los vecinos para tener esperanza de una mejora de la situación del pueblo y hasta de una pronta paz en el país.

En nuestra casa se sentía un hondo vacío sin él. Pero ahí brilló la valentía de mamá, quien se afanaba en cuidar a todos y cada uno de nosotros. Ya la conocíamos, pero se nos reveló como una mujer fuerte, decidida, serena y muy segura de que su esfuerzo podía sacarnos adelante. Ante la ausencia paterna, ella tuvo que ser padre y madre; su fortaleza resplandeció ante la adversidad y mostró sus dotes heroicas para nosotros, sus hijos e hijas.

Aquella guerra ingrata puso a mi papá en camino a un lugar distante. Pasaban los días y todavía sus palabras se me repetían en los oídos.

—Les prometo, hijos, que un día nos volveríamos a reunir.

¿Cuándo?, me pregunté muchas veces.

No quiso darnos muchas explicaciones para que no experimentáramos más miedo del que ya teníamos. Nos teníamos que consolar pensando que la guerrilla lo hubiera matado si no se iba. Pero eso no le quitaba dolor a nuestra herida.

Se subió al autobús como tantas otras veces. Nos quiso sonreír desde la ventanilla, pero no pudo. Era un grupo guiado por un coyote para cruzar México hasta llegar a Tijuana. Llevaba el dinero justo para comprar comida y dar mordidas[26] a policías o agentes de la migración de ser necesario. Días

---

[26] Soborno

después llegó el cruce de la frontera de Estados Unidos. De madrugada caminaron por las lomas áridas, desoladas, patrulladas por la Migración. Pudo llegar sin mayor problema a Los Ángeles, en donde lo recibieron algunos conocidos de Santa Eulalia quienes le ayudaron a conseguir trabajo en las factorías de ropa. Empezó a laborar, para terminar de pagar el viaje y enviar por nosotros lo antes posible.

Toda esa travesía la puedo contar muy rápido ahora, pero pasaron semanas hasta que logramos saber que estaba bien "del otro lado". Hace 30 años, la comunicación más rápida a la que se podía aspirar era un telegrama o una carta manuscrita por correo, que podía demorar hasta un mes en llegar a su destino, si es que no se perdía en el camino.

En nuestro caso, después de un mes vino una carta junto con una cinta de *cassette* que traía grabada la voz de papá. Lo escuchamos relatar que estaba trabajando día y noche en una fábrica de camisas y pantalones, que esperaba reunir dinero lo más pronto posible, que le hacíamos muchísima falta y que en California a veces hacía más frío que en Santa Eulalia, pero sin lluvia.

Los *cassettes* siguieron llegando cada dos o tres semanas. Mamá y todos nosotros nos sentábamos alrededor de la mesa de comedor, que era redonda, y cuando todos estábamos presentes, los ponía en una radiograbadora para escuchar lo que él nos contaba sobre aquel lugar de grandes edificios, montones de carros y gente de todas partes del mundo. Nuestro asombro era grande. El rostro de mi mamá brillaba al escucharlo decir lo mucho que nos extrañaba. A cada uno de nosotros nos dirigía algunas palabras o a veces regaños… pero nos reíamos por la sola alegría de oírlo.

En envíos posteriores llegaron paquetes con pantalones, zapatos, playeras, juguetes para mis hermanos más pequeños o aparatos de sonido para los mayores; un reloj electrónico para Marcos —¡*wow*, qué modernidad!— y aunque cada caja estaba llena de sorpresas, ningún objeto podía compensar su ausencia.

Para entonces yo tenía 10 años y lo que más conflicto me generaba sobre su ausencia era que los hermanos mayores se tomaban cierta autoridad sobre los más pequeños. Me ordenaban hacer cosas y me reclamaban si no lo hacía. Al estar tan distante la figura paterna que me corregía y aconsejaba comencé a ponerme rebelde y a portarme mal.

La escuela poco ayudaba a compensar el cuadro de separación e incertidumbre. Al contrario, todo se complicaba debido a la práctica de castigos físicos como mecanismo de "orden". Había maestros buenos y pacientes que se interesaban por conocer un poco más sobre los motivos de mi actitud rebelde y desafiante. Sin embargo, había otros profesores cuyo único lenguaje eran los reglazos en la cabeza, la espalda o donde te alcanzara. Si hablabas con el compañero de al lado, un reglazo; si te sorprendían divagando, mirando hacia la puerta aunque sea porque quizás estaba pensando cuándo volvería a ver a mi papá, reglazo; si te preguntaban algo y no sabías responder instantánea y memorísticamente: reglazo.

No había consideración alguna hacia el conflicto interior que varios alumnos padecimos a causa de las separaciones forzosas. Yo no era el único cuyo padre se había visto obligado a emigrar para salvar la vida o para tener un trabajo, pero esos tiranos del golpe, el coscorrón, el jalón de pelo, más bien agitaban el resentimiento. También en casa, durante nuestra niñez recibimos castigos físicos, quizá porque era la creencia heredada (y equivocada) de "educar", pero la disciplina escolar rozaba con la tortura. Cuando no bastaban los jalones de pelo o los consabidos reglazos, los maestros obligaban a los niños "mal portados" a juntar hacia arriba las yemas de los dedos de la mano para golpearnos allí con un trozo de madera. Un par de veces me dejaron sangrando las uñas. El dolor no me permitía agarrar bien el lápiz, pero de todos modos nos exigían terminar rápido los ejercicios de caligrafía o matemática. A mi hermanita María, entonces de unos 6 años, un maestro la golpeó con tal fuerza en la cabeza que le sacó sangre, solo por estar platicando con una amiga en el aula.

Llegó 1988. Casi se cumplía un año de la partida de mi papá cuando vino otra situación muy fuerte para mí y mis hermanos: papá mandó a traer a mi mamá. Pagó el viaje con el mismo coyote y una madrugada se la llevó el bus. Ella tomó consigo a mi hermana más pequeña, Juanita. No podía dejarla en Santa Eulalia porque aún era una bebé. Fue nombrada así en recuerdo de Juana, la nena que se enfermó y murió cuando eran jornaleros en San Miguel Pochuta.

Aceptar la partida de mamá fue aún más difícil. Con angustia conté los días hasta su partida. Aquello ocurrió en junio de 1988.

—"¡Te portás bien, Marcos!, ya te conozco", me advirtió muy seria y luego me abrazó. "Pronto volveremos a estar juntos, hijo", fueron sus palabras de consuelo.

Pero no había consuelo. El agujero que había en la casa se hizo mayor. La Navidad de aquel año fue desolada porque mamá estaba muy lejos.

La situación tampoco fue buena para ella. Tantas veces tuvo el doloroso sueño premonitorio de la separación de la familia, pero también tuvo otros en los cuales volvíamos a encontrarnos. Pero no sabía cómo o cuándo o qué tenía que hacer ella para que sucediera el reencuentro lo más pronto posible. No podía vivir tranquila mientras no tuviera otra vez a sus hijos reunidos.

Mamá Lucín nunca nos contó detalles sobre su travesía. Lo único que supimos fue que logró cruzar la frontera por San Diego, California y que aunque se sintió contenta de reunirse con mi papá, no estaba tranquila sabiendo que nos habíamos quedado en Santa Eulalia.

A las pocas semanas experimentó una desesperación creciente. Despertaba llorando en las madrugadas. No la dejaba dormir la angustia. Se preguntaba si íbamos a la escuela, si comíamos bien, si cuidábamos al pequeño Antonio, quien tenía 5 años.

Las pocas noticias que llegaban de Guatemala, a través de los periódicos, los noticieros y sobre todo por otros migrantes q'anjob'ales, solo aumentaban su pena. Seguían las batallas, seguían los bombazos, seguían los ataques a balazos.

Si bien existía un gobierno democráticamente electo desde 1986, la bestia de la guerra seguía viva y hambrienta. La pobreza y la desnutrición campeaban en el área rural debido a que las cosechas eran destruidas, estaba prohibido cocinar con leña y nadie podía almacenar granos para evitar que la guerrilla los robara —aunque de igual manera, los que se llevaban los granos eran los militares.

Mamá Lucín caminaba de un lado a otro en el pequeño apartamento de Los Ángeles. Pensaba en nosotros mientras trabajaba. Se pasaba las tardes suspirando al ver el sol ocultarse. Ella deseaba tener alas para llegar a traernos en un instante.

En grabaciones de *cassette* ella y papá nos advertían de portarnos bien. "Especialmente vos Marcos, ya me llegaron las quejas de las travesuras que andás haciendo."

— "Seguro fueron mis hermanos mayores los que me acusaron", pensaba yo…

Llegó febrero de 1989. Mamá Lucín no resistió más. Era demasiada la desesperación y la incertidumbre. Decidió regresar a Santa Eulalia, con todo y Juanita.

—¡Yo no puedo estar bien si no voy a traer a mis hijos! —le dijo a mi papá.

No había comodidad, novedad, dólares o bonito paisaje californiano que sustituyera la certeza de estar junto a nosotros para protegernos. Se regresó a Guatemala.

El día en que ella entró de nuevo en el pueblo, pensé que estábamos dentro de uno de sus sueños. Pero realmente mamá había regresado por nosotros, como un ángel guardián. Su rostro tenía aquella dulzura que tanta falta nos hacía. La casa recuperó algo de su calor, se volvió a escuchar su voz, se sintió el aroma de su comida, el sonido de cuando hacía tortillas, sus pasos al levantarse por la mañana, sus conversaciones y risas con las vecinas y el ocasional relato de un sueño que tuvo. Ninguno de nosotros queríamos despegarnos de ella, todos estábamos dispuestos a ayudar en los quehaceres de la casa con tal de que no se marchara de nuevo. Preferíamos dormir cerca de ella porque temíamos que se nos fuera otra vez.

A mediados de ese mismo 1989, mi papá mandó a traer a mis dos hermanos mayores, Andrés y Leonardo, para que fueran a trabajar a las fábricas de ropa de Los Ángeles, pues se necesitaba más dinero para poder trasladar a EE. UU. a toda la familia de una sola vez.

No era un premio para ellos, al contrario, fue un gran sacrificio de sus sueños, de sus aspiraciones. Pero como buenos hijos, obedecieron y se fueron. Yo tuve miedo de que algo pudiera pasarles. Junto con ellos se marchó mi hermana Eulalia, que en aquel momento tenía unos 10 años.

¿Cuándo volveré a verlos? Recordé todas nuestras peleas de niños, también los reclamos que les hice por haberle avisado a mamá de mis travesuras. Me arrepentía de todo y en mis oraciones le prometía a Dios que nunca más iba a reñir con ellos pero que no me los quitara, por favor.

Se fueron. No había marcha atrás en la decisión de papá.

Andrés ya estaba graduado de maestro de primaria y había comenzado a trabajar en una escuela. En fiel obediencia y por amor a todos nosotros, dejó ese empleo. Con él se esfumaba el sueño de emprender una carrera universitaria para pasar a convertirse en un migrante indocumentado más.

Leonardo a su vez soñaba con graduarse de diversificado, con ser un gran futbolista y estudiar en la Universidad de San Carlos de Guatemala, pero también relegó este objetivo.

Mi papá, Andrés y Leonardo se empeñaron en reunir el suficiente dinero para trasladar a California a todo el resto de la familia. Era un objetivo ambicioso, pero al arrancar el año 1990 disponían de una buena cantidad para costear el viaje colectivo. Desafortunadamente, por más esfuerzos que se hicieron solo alcanzaba para los gastos de cuatro personas. Los viajeros sumaban cinco: mamá Lucín, Juanita, Antonio, María y yo. Así que "alguien" tenía que quedarse.

Y ese "alguien" se ofreció.

Realmente yo no quería mudarme a Estados Unidos. Era febrero de 1990 y comenzaba a cursar el sexto grado de primaria. Esa fue una de las excusas que le dije a mi mamá. Si no era posible ir todos, yo me quedaría estudiando en la escuela de Santa Eulalia. Además, era insoportable al ver a mi mamá en el terrible predicamento de decidir a quién de los cuatro hermanos dejar en Santa Eulalia durante un año. Yo era el mayor de los que quedaban. Por lógica, me tocaba tomar esa responsabilidad.

Además, tenía un terrible miedo a lo desconocido y prefería quedarme con la seguridad de mi pueblo, de mis amigos, de mis juegos, de mis paisajes, de mis rutinas. Así fue como me quedé solo por los siguientes meses.

Dudé un poco de mi convicción cuando las manitas de mis hermanos me decían adiós desde las ventanillas de la camioneta. El gruñido del motor de la camioneta de la línea Transportes Cifuentes alejándose marcó los instantes de una nueva separación.

Mi familia se aleja. Van rumbo a la frontera con México y después a la de Estados Unidos. Yo me quedo de pie en el mirador del pueblo. Parece un sueño.

Cuando despierto, nuestra casa se ha quedado en el más completo silencio.

12

EL PATOJO DEL PELO LARGO

Unos días antes de cumplir los 14 años escuché por primera vez el mar. Fue asombroso descubrir el chasquido efervescente de las olas, constante, cronométrico, misterioso. Las oí. No pude verlas de inmediato porque la excursión escolar llegó de noche al puerto San José, en el departamento de Escuintla, a 300 kilómetros de Santa Eulalia.

Al amanecer admiré desde temprana hora aquella inmensidad. Me sentí sorprendido por la amplitud del cielo y la sensación de estar solo frente al mundo. De hecho, lo estaba. Al marcharse mi mamá con mis hermanos pequeños a Los Ángeles, me sentí totalmente libre, soberano e independiente.

Podía hacer lo que se me diera la gana porque estaba solo en la casa. Constantemente iba a visitar las habitaciones vacías porque que me dejaron bajo el cuidado de Victoriano, el maestro de matemáticas en la escuela, y su esposa Isabel, a quien cariñosamente llamamos Chabe; familiares de mucha confianza de mis padres. Su tarea no fue fácil debido a que en ocasiones yo no me comportaba del todo bien. Entonces me reconvenían, me exigían que cambiara mi conducta o….

—¿O si no qué?

— Les avisaremos a tus papás

Y mis papás estaban a miles de kilómetros.

Fuera de control. Sin horarios. Sin reglas. Sin padres, ni hermanos mayores. Yo apreciaba a Victoriano y a Chabe, pero confieso que pesaba más el gusto por cumplir mis antojos. Al salir de la escuela me escapaba con otros patojos a jugar fútbol durante horas, a explorar los campos y barrancos, a deambular por todas partes hasta que ya era de noche.

Después de la lluvia convertíamos las laderas en toboganes de lodo y grama. Nos deslizábamos sobre ellas con pedazos de cartón. Varias veces fui a caer de cabeza sobre alguna zanja o en una piedra, pero seguía jugando, con todo y raspones, la ropa sucia y los zapatos despegados, en una interminable secuela de caprichos. No sé cómo hacía las tareas escolares, quizá porque Victoriano se tomaba la molestia de explicarme y verificar que las terminara. Aún le agradezco tanta paciencia.

En una ocasión llegué llorando a la casa. Victoriano se asustó al darse cuenta de que yo tenía el codo dislocado. Estaba jugando fútbol en la escuela parroquial. Corrí con tantas ganas tras una pelota que se me acabó el campo, tropecé, di una voltereta y caí en seco sobre el codo. Me levanté, pero cuando quise apoyarme, el brazo no me sostuvo: el hueso estaba zafado, la articulación estaba inflamada y deforme. Creí que me había fracturado. El dolor era insoportable y empeoraba.

—¡Pero qué andas haciendo, Marcos! —exclamó angustiado—. ¿Qué les voy a decir a tus papás? Van a pensar que no te cuidamos bien —decía con agitación mientras pensaba qué hacer.

Decidió llevarme con el sobador de huesos, un anciano experto en curar los golpes fuertes mediante medicina tradicional q'anjob'al. Aunque ya había médico en Santa Eulalia, la tradición indígena seguía muy enraizada y la gente confiaba mucho en aquellos sabios que heredaron sus métodos curativos, uno de los cuales era sobar las partes adoloridas del cuerpo hasta reducir la molestia. A veces utilizaba ciertas piedras e incluso huesos secos como instrumentos de terapia.

Con el brazo vendado caminé llorando por las calles del pueblo. Juraba que no volvería escaparme para jugar pelota toda la tarde. Todo el camino fue de lamentos y arrepentimiento. Quería consuelo, pero Victoriano solo me repetía:

—¡Ya ves por qué te decimos que no andés jugando tan tarde en la calle! Les tendré que avisar a tus papás lo que ocurrió.

Esa sola idea me aterrorizaba porque creía capaz a mi mamá de regresar desde Estados Unidos solo para venir a darme dos chicotazos, un jalón de pelo y una gran regañada.

El sobador vivía fuera del pueblo. Me revisó el golpe sin ninguna consideración. Yo grité. Creí que me iba a aplicar algún ungüento u otra medicina calmante del dolor, pero lo que hizo fue sujetarme el brazo y el antebrazo con sus manos callosas.

Con un movimiento firme, ágil e inexplicable devolvió el hueso a su lugar. El dolor fue espantoso pero desapareció. El codo recuperó su forma. Después me aplicó medicina natural, colocó vendaje y al poco tiempo era como si no hubiese pasado nada. Con el paso del tiempo creo que aquella lesión me afectó, porque años después me resultaría difícil efectuar esfuerzos con ese brazo. A decir verdad, ese codo me quedó un poco chueco, pero aún así salí de nuevo a las aventuras.

¿Yo dije que estaba arrepentido?

Volvieron las tardes de trepar árboles y correr por los bosques. Nos encantaba ir armados con hondas, para derribar pájaros, desplumarlos y asarlos en una fogata. Seguramente hoy no podría tragar un solo trozo de pájaro, pero en aquel tiempo era una especie de manjar extremo en una ficción de sobrevivencia extrema.

Pienso que las historias del *Popol Wuj* que nos enseñaban en la escuela también influían, puesto que los gemelos legendarios, Hunahpú e Ixbalanqué, también comían pajarillos asados antes de ir a luchar contra los gigantes Kabrakán y Vucub Guacamayo, a quienes dejaron enterrados entre las montañas.

Las calles del pueblo también eran escenario de acrobacias peligrosas. Competíamos por ver quién lograba subirse más rápido y durante más distancia en las escaleras metálicas instaladas en la parte trasera de las camionetas de parrilla. Cuando una estaba por partir, nos sujetábamos sin que nos viera el piloto o el ayudante de la unidad. La clave estaba en poderse lanzar cuando aún no tomaba tanta velocidad. Ganaba quien más lejos podía llegar. Siempre fue un entretenimiento bastante divertido, hasta que una vez el conductor aceleró muy rápidamente y al lanzarme, no pude sostener el equilibrio y me di un tremendo somatón de cabeza. Por poco y me mato. Mis amigos se reían de mis raspones. Tal vez gané la competencia, pero hice un tremendo ridículo.

Otra muestra de mi gran autonomía, independencia y soberanía personal era que me dejé crecer el pelo. Si ya Victoriano y Chabe me decían que si estuviesen aquí mis padres no cargaría así la cabeza, en la escuela los reclamos eran directos.

— ¡Ese pelo está muy largo, Marcos, debe recortarlo! ¡Ya está muy peludo, Marcos! ¡Es la última advertencia, córtese ese pelo!, me insistía sor María en el colegio de la parroquia de Santa Eulalia.

Allí estudié el sexto primaria después de haber estado los años anteriores en la escuela oficial urbana mixta Mario Méndez Montenegro. Mis hermanos mayores se habían ido y también los menores. Por lo tanto, ya era posible pagar el colegio privado del pueblo con las remesas que llegaban desde Estados Unidos.

—Si no se recorta el pelo, le avisaremos a sus papás, Marcos…

—Avíseles —le decía yo con indiferencia, porque sabía que estaban lejos.

Mi conducta caprichosa no tardó mucho en tener otro toque de realidad. A los dos meses de quedarme solo en Santa Eulalia, mis padres me enviaron dinero para mis gastos de comida y útiles escolares. No recuerdo cuánto era en dólares, pero equivalía a unos Q100, que en aquel entonces debían alcanzar para cubrir un mes. Sin embargo, con mi vida despreocupada y alegre, lo gasté todo con mis amigos. Los invité a refrescos y golosinas, compré una pelota y no sé cuántas cosas más. Al final de un par de días solo me quedaron unas cuantas monedas.

Ahí vino una experiencia difícil que me enseñó la necesidad de administrar bien el dinero, sobre todo cuando parece abundar. En efecto, yo sabía que no debía gastarlo en dulces y banalidades, pero desobedecí la voz de la razón. Por irresponsable, pasé varias semanas de dura lección de austeridad.

—¿Y qué pasa si les pido más dinero a mis padres?

De solo pensar la respuesta, preferí callar y comí de lo que generosamente me daban Victoriano y Chabe. Fue mi primera gran lección sobre la moderación en los gastos, porque en las siguientes semanas no tenía ni para un ricito[27] y nadie me invitaba a uno.

Aunque no me corté el pelo y continué con mis aventuras divertidas del campo, tardes de fútbol o trepando árboles en la calle, la soledad me sirvió para darme cuenta de que ninguna persona iba a esforzarse por mí ni a aprender por mí ni a triunfar por mí. Y que si yo no me esforzaba ni

---

[27] Bolsa de frituras

aprendía ni me trazaba metas de triunfo, otros compañeros lo harían y me quedaría atrás. En clase ponía atención a las explicaciones del maestro y siempre entregaba las tareas. De pronto me descubrí en el esfuerzo de ser un alumno destacado, una aspiración que antes consideré lejana, quizá por creer poco en mi propio talento, por la falsa sensación del "no puedo".

Los consejos de Victoriano y Chabe ayudaron, porque me insistían, con firmeza y cariño, que yo tenía la capacidad para lograr grandes sueños, que si estudiaba podía llegar a viajar por todo el mundo, que tanto si me quedaba en Guatemala o me iba a Estados Unidos tenía que seguir estudiando una carrera universitaria.

En el pueblo vivía mi abuela por parte de papá, Eulalia Antonio, quien me recomendaba que me portara bien para poder ser un hombre honrado y correcto. Las arrugas de su rostro y manos eran como un mensaje del tiempo para mí. Me inspiraba muchísimo respeto y veneración.

Ella vivía con su hermano, Juan Antonio Díaz, tío de mi papá y tío abuelo nuestro, que poseía un gran talento aprendido de sus abuelos: él era uno de los mejores constructores de marimbas de Santa Eulalia. Sabía seleccionar con sus ojos y oídos las maderas a partir de las cuales se elabora el instrumento musical sagrado. Hormigo para las teclas, pino blanco para las cajas, ciprés para el armazón, cedro para la clavijas y palo blanco, sakél, para las baquetas, las cuales llevan hule natural enrollado en la punta. Con gran paciencia se dedicaba a aserrar y cepillar las teclas cuyo sonido iba probando, desde la tablita más pequeña hasta la tabla más grave: una perfecta sintonía entre su oído y sus manos, entre su trabajo artesanal y un oficio inmemorial cuyo origen se remonta a la leyenda de un campesino del *Jolom Konob*, el nombre ancestral de nuestro pueblo, quien al irse a trabajar en las tierras bajas descubrió una vez un árbol en el que había un pájaro carpintero. El ave picoteaba una rama, pero ésta sonaba distinta a las de otros árboles. El pájaro carpintero se movió a otra rama, la picoteó y sonó otra nota. El campesino había descubierto el árbol de hormigo, con el cual se elabora la dulce marimba. Así lo contaba. Así se lo contaron a él. Así se los cuento.

Con los abuelos sentía una conexión directa con toda nuestra historia q'anjob'al. Pero toda vez salía de su casa, regresaba a mi realidad de adolescente inquieto. El repetido regaño me llegaba por audio: mediante mensajes enviados en *casetes*, escuchaba la voz de mi mamá enumerar las situaciones por las que había recibido quejas de mi comportamiento y me advertía que dejará de estar haciendo tantas locuras o regresaría únicamente para darme un jalón de pelo.

Luego me decía que todos me extrañaban en Los Ángeles, que muy pronto sería posible pagar mi viaje para reunirme con ellos en Estados Unidos y me encargaba mucho que estudiara para terminar bien el sexto grado de primaria.

En el mes de mayo experimenté con más fuerza la ausencia, la soledad, la distancia, porque se celebró el Día de las Madres; hubo un acto especial en el colegio, todos mis compañeros tenían a su mamá para abrazarla y entregarle una tarjeta especialmente elaborada para ella. Yo no.

De mi familia, llegó mi tía *Matal*[28], hermana de mi mamá y su presencia fue tan valiosa porque a ella le entregué la tarjeta que hice. Lloré porque mi mamá Lucín estaba lejos.

—Seguí adelante Marcos, porque un día la volverás a ver, me aconsejó la tía, con un abrazo.

El primer viaje al mar ocurrió debido a que las monjas a cargo del colegio parroquial[29] organizaban anualmente una excursión para premiar y también para despedir a los alumnos que estaban por terminar la primaria.

---

[28] Magdalena, en q'anjob'al
[29] Fundado en 1964 por sacerdotes de la orden Maryknoll para fomentar la educación en el área norte de Huehuetenango, aunque entre los docentes había monjas salesianas.

Había un destino diferente cada año, que variaba entre los departamentos en donde existían colegios atendidos por religiosas de la misma orden, cuyas instalaciones eran usadas como hospedaje.

Ese año 1990 la excursión fue a Escuintla, departamento de la costa sur del país, cuya cabecera está a 50 kilómetros de la capital. Un poco más lejos tiene varias playas de las cuales la más conocida es el puerto de San José.

Mi emoción fue grande porque era un sitio que yo no conocía. Al llegar, su clima cálido me recordó el de Cocolá Grande, pero había algo que nunca había oído tan claro, tan fuerte, tan permanente: el rumor de las olas. Cuando me bañe en ellas fue una conexión total con el universo.

Nos advirtieron que tuviéramos muchísima precaución, que no nos metiéramos muy adentro. El agua era tibia, espumosa, bromista. El sabor a sal me intrigó. Había visto las olas en la televisión, en blanco y negro. No tenía idea que fueran tan simpáticas, tan fuertes y a la vez tan blancas.

Durante el viaje de casi ocho horas en autobús desde Santa Eulalia a Escuintla, las monjas aprovecharon para aconsejarnos sobre lo importante que era para nuestro futuro tener objetivos claros y luchar por ellos, que debíamos esforzarnos por seguir estudiando la secundaria y luego pasar al bachillerato, para después poder elegir una carrera en la Universidad de San Carlos, la única casa estatal de estudios superiores en Guatemala.

—Ustedes pueden llegar a ser médicos, abogados, ingenieros, psicólogos, lo que ustedes quieran, para estar al servicio de su comunidad. Están por salir de sexto primaria, pero no se detengan. Sigan la secundaria. No dejen que las dificultades los venzan —nos animaba Sor. María Elena.

Aquella idea de ser un profesional se quedó muy fija en mi mente. Sabía que muy poca gente en el pueblo lograba siquiera terminar la primaria, ya fuera por la pobreza, el trabajo o la distancia. Además, la guerra hacía absurdo el deseo de superarse porque las oportunidades laborales parecían lejanas, inalcanzables. Pero justamente en ese vértice donde se encuentran los deseos y las barreras está la diferencia entre triunfar o no, entre avanzar o conformarse, entre vivir por un sueño o dejarse matar las ilusiones.

Llegó el 4 de octubre de 1990. Cumplí 14. ¿Feliz cumpleaños?

Al final de ese día y durante los siguientes la casa silenciosa gritaba ¿y dónde está tu familia? Al atardecer, aquellos grillos y ranas me cuestionaban ¿quieres por fin estar con tus hermanos y hermanas? La noche era tan discreta pero insistente en su pregunta: ¿acaso no te gustaría a esta hora estar con tu mamá?

Terminó el mes. En el colegio entregaron las notas finales.

No sólo fui promovido, sino que logré excelentes calificaciones. Podía pasar a secundaria. Era un hito, una gran meta cumplida. En el acta de notas tenía el sello "Aprobado". Me hubiera gustado tanto celebrarlo con mis seres queridos, pero después de salir por última vez de la escuela, ya en la calle, volví a recordar que no había nadie esperándome en casa.

Sí, era un muchacho totalmente libre en un encantador pueblo rodeado de lomas verdes, un admirador incansable del canto de los pájaros, un asiduo bañista en el río transparente, un jugador de pelota que disfrutaba de enlodarse entre risas bajo la lluvia, pero aún así, anhelaba con todas mis fuerzas escuchar la voz de mi familia.

Al salir a ver las estrellas que poblaban el cielo de Santa Eulalia, aquella noche de mi cumpleaños, empecé a preguntarme si llegarían a realizarse mis sueños, si sería para mí esa meta de una carrera en la universidad.

Por momentos estaba como entre dos mundos: Extraño esos tiempos de estar reunidos en el pueblo, con mis padres y hermanos, en un día de fiesta, con música de marimba. ¿Volveremos a juntarnos por allá lejos?

Por otro lado, pensaba en mis amigos de tantos momentos divertidos, travesuras, recreos. ¿Volveré a verlos? ¿Regresaré alguna vez a Nancultac o a Cocolá Grande?

La respuesta fue silencio y los vientos de noviembre trajeron el momento de emigrar, indocumentado, a Estados Unidos.

13

COYOTE Y CORRECAMINOS

Poco después de mi cumpleaños, aquel 1990, me llegó un sobre desde Los Ángeles con otro *casete* grabado. Traía un mensaje diferente a los anteriores: estaba lleno de instrucciones y recomendaciones de mis padres. Sus voces se alternaban para avisarme que había llegado el momento de partir a Estados Unidos.

"Dentro de dos semanas llegará un señor a la casa de Victoriano y Chabe. Es el coyote. Te tienes que ir con él y seguir todas sus instrucciones".

Cuando me decían la palabra coyote, yo pensaba en aquel personaje que perseguía al correcaminos en las caricaturas que yo miraba en el pequeño televisor en blanco y negro que había en la casa.

Me explicaron que así les denominaban a todos aquellos que se dedicaban a trasladar grupos de personas, sin documentos, desde países como Guatemala hasta los EE. UU., actividad que hoy está penalizada bajo la categoría de tráfico de personas. Astutos conocedores de veredas, pasos ciegos y rutas en el desierto, fue esto lo que les ganó su apodo.

El coyote resultó ser un señor muy amable, moreno, bajo de estatura, de voz suave. Me explicó que yo era el más pequeño del grupo de viajeros. Éramos cinco personas; nos reuniríamos, en dos días, en Huehuetenango. Pero después, de otros municipios llegarían otros compañeros de viaje.

Me dio algunas instrucciones, pero no puse atención, porque estaba pensando en lo alegre de reencontrar a mi familia y lo triste que era ver por última vez a mi pueblo y a mis amigos. ¿Y mi abuela? ¿Victoriano y Chabe? ¿Y mi tía Matal? ¿Y mis maestros, maestras, tíos, primos?

Justo en el momento decisivo y tan esperado uno vive cierto arrepentimiento anticipado, aflora un miedo no reconocido. Me marchaba y quizás nunca volvería. Lloré mientras empacaba un par de camisas y un suéter en una mochila.

A las 4 de la mañana fue la partida.

Me subí a la camioneta. Así como lo hizo mi padre, como lo hizo mi madre, como lo hicieron mis hermanas y mis hermanos.

Victoriano y Chabe me acompañaron en la penumbra fría. Los abracé, les di las gracias por cuidarme y les pedí perdón por ser desobediente a veces. Me senté y la ventanilla mojada me hacía sentir ya la distancia sin que hubiese siquiera arrancado el motor.

Llegó el momento. La camioneta comenzó a avanzar. Sonaba música ranchera. Las luces de Santa Eulalia se quedaban atrás entre la neblina. Esta vez no había retorno. Pensé en mis amigos. No me creyeron cuando les conté que me iba al norte. Se reían. ¿Como te vas a ir solo? Estás loco, me decían. Seguro estaban durmiendo a esa hora de la madrugada.

La señal de la radio con música mexicana se perdía así que el piloto cambiaba a otra emisora de alabanzas cristianas; se volvía a perder y solo sonaba el siseo de la estática entre las montañas. Cambiaba a una estación que transmitía marimba. Aquella música era el fondo para el enjambre de preguntas que me picaban: ¿Y qué pasa si me pierdo? ¿Y si no logro llegar ni tampoco logro regresar? ¿Y si nos asaltan? ¿Y si no aguanto a cruzar por el desierto? ¿Y si me quedo dormido? Y cuando desperté, la emisora de marimba seguía allí pero ya íbamos en plena bajada hacia Chiantla, a pocos kilómetros de la cabecera, Huehuetenango.

El señor coyote estaba esperándome en la terminal de buses. Me llevó hasta un hospedaje en donde ya estaban aguardando otros migrantes de los pueblos q'anjob'ales vecinos: San Juan Ixcoy, Santa Cruz Barillas y San Pedro Soloma.

Me presentaron a mis "padres". En caso de que nos detuvieran policías mexicanos debía decir que era hijo de una pareja de extraños. He olvidado el nombre y apellido falsos que me dieron.

—"No hablen en español para nada. Hablen en q'anjob'al, porque en México también existe este idioma. Si les preguntan de donde son, digan "guajaca" (Oaxaca). No respondan a nada más. Hagan como si no entienden, que entonces me preguntan a mí", explicaba el coyote con acento medio mexicano.

A todos nos dieron billetes mexicanos por cualquier imprevisto. Teníamos que llevarlos repartidos en diversas partes del cuerpo: en el bolsillo, bajo el cinturón, en los dos zapatos, en la ropa interior. En caso nos registraran y nos quitaran una parte, siempre nos quedaría algo.

Nos hicieron memorizar dos números de teléfono, uno del lado mexicano y otro del lado guatemalteco, por si nos perdíamos o nos atrapaban.

—"Al estar en México, actúen con naturalidad para no despertar sospechas, no miren a la cara a los policías. Si nos separamos, llamen un taxi y le dan este papel. En éste había anotada una dirección de hotel de Tuxtla Gutiérrez, Chiapas. No platiquen con el taxista, díganle que su familia viene de compras a Tapachula y que son turistas".

Aquella noche en Huehuetenango, todos nos quedamos hacinados en una misma habitación. No fue agradable pasarla entre ronquidos, ruidos extraños y olores corporales. Menos mal que aquel insomnio desesperante no tuvo muchas horas. Pasadas las tres de la mañana fue el momento de partir hacia Ciudad Tecún Umán, San Marcos, población guatemalteca fronteriza con México.

A la entrada de aquel pueblo tuve el gusto de conocer en estatua a Tecún Umán, el famoso príncipe indígena, héroe nacional que murió luchando contra la invasión de los conquistadores. Conocía su cara por los billetes de cincuenta centavos, pero para mí fue una novedad encontrarlo desafiante y valiente, tallado en piedra. En la escuela nos relataron tantas veces la gallardía con la que peleó contra Pedro de Alvarado, quien finalmente logró herirlo de muerte con su lanza. Cayó muerto el gran Tecún Umán y el quetzal, su nahual, su espíritu acompañante en forma de ave, tiñó su pecho de rojo con su sangre. Siempre nos contaban esa leyenda en la escuela como ejemplo de patriotismo.

Me paré junto a la enorme estatua para admirarlo.

—¡Hey, Marcos! ¿Donde estabas? No te separes del grupo —me llamó el coyote—. Y salimos de Guatemala. Un letrero decía "Buen viaje".

Nadie tiene la idea de lo enorme que es el territorio mexicano hasta que empieza a recorrerlo. Fueron aburridas horas de camino en el autobús, por una carretera asfaltada interminable en la cual no podíamos dormirnos. Nos lo advirtieron, por si había que bajar del bus y huir. Me resistí al sueño, se me iba la cabeza para un lado, para el otro, los ojos se me cerraban, creí que hasta empezaba a tener sueños y de pronto caía en un agujero para encontrarme otra vez sacudido en el monótono andar en un camino sobre el cual parecíamos estar en el mismo punto. Nuestro grupo se mezclaba con pasajeros lugareños y otros migrantes ilegales, pero entre los rostros no podía distinguirse quién era quién.

Para evitar dormirme repetía una y otra vez los números de teléfono a los que podíamos llamar en caso nos agarrara la policía o nos separaran en algún retén. Se supone que el trato ya estaba asegurado con ellos, pero nunca falta un agente nuevo o alguno que quiere tajada extra, nos explicaba nuestro coyote.

Llegamos a un pueblo llamado Gracias a Dios. Supuse que se llama así porque eso han de exclamar los viajeros después de tan interminable trayecto. Otra vez a encerrarnos todos en la habitación de un hospedaje, en una casa, para no correr riesgo de ser capturado y regresado. Sudores, ronquidos, humores, sonidos corporales. Es una ruta usual de migrantes, por lo que los oficiales de policía están atentos a quien tenga aspecto de recién llegado.

Dicho y hecho, al día siguiente, el viaje en autobús continuó, pero por poco tiempo: había un retén de policías, nos bajaron a todos y nos registraron. A algunos les encontraron los billetes ocultos, a otros no.

—¿De dónde son? ¿De dónde vienen?

Nadie respondía.

—¿Quién es el guía del grupo?

—Respondan, porque igual los podemos detener por desacato a la autoridad y llevarlos a la delegación.

Alguien dijo que éramos de Oaxaca y de inmediato vino la otra interrogante:

—Quiero ver sus documentos.

Yo estaba atemorizado. Aunque tenía "padres" sabía que ellos no eran nada mío. Pensé en salir corriendo, pero ¿a dónde? Nos tenían a todos parados junto al autobús. Lo que vino como un relámpago a mi mente fueron las escenas cuando los militares o los guerrilleros detenían las camionetas en los caminos de Huehuetenango. Buscaban a los rivales vestidos de civiles; si encontraban jóvenes de 13 o 14 años, se los llevaban para que engrosaran sus filas. Si alguien intentaba correr le disparaban sin misericordia. Fue escalofriante. Visualicé todo eso y luego regresé a mi realidad en tierras mexicanas.

— No pueden seguir su viaje señores, están ilegalmente en territorio mexicano, dijo el policía refiriéndose a mi grupo, a otros migrantes de Guatemala y de otros países.

Nos subieron en vehículos y nos regresaron a todos hasta Guatemala. Todo aquel largo viaje tedioso de ida se repitió, pero ahora fue de regreso. Sentí mucho desconsuelo, enojo y ganas de llorar.

De nuevo en Tecún Umán, Guatemala, el coyote nos dijo que siempre existía la posibilidad de que la policía volviera a detenernos y repatriarnos.

—Ya me ha pasado varias veces, dijo sonriente. Vamos a tratar de llegar a Tuxtla Gutiérrez por otra ruta, dijo sin inmutarse.

Se tomó un camino distinto, de montaña, con muchas curvas. Se parecía a la ruta hacia Santa Eulalia. Horas y cerros se sucedieron. Campos, árboles y pensamientos. Bardas, portones, casas y la nuestra cada vez más lejana. Rumor de motor, calor, viento por la ventanilla y de pronto, otro retén.

La policía nos detuvo, hizo preguntas, pidió documentos, pero todo era para disimular que lo único que deseaban era dinero. No nos devolvieron a Guatemala pero nos condujeron hasta una casa. No era una delegación ni una estación policial, sino una vivienda particular. Entramos en una habitación grande y nos encerraron allí. Pasamos allí toda la tarde y toda la noche. Los fantasmas de la guerra me seguían asustando en aquella oscuridad inmensa aderezada por el ruido interminable de grillos y ranas, ronquidos extraños y llantos de alguien más.

—Ya todo está arreglado, dijo el coyote por la mañana.

Nos dieron paso libre para llegar a Tuxtla Gutiérrez, la capital del estado de Chiapas. Aquella sí era una ciudad grande. Allí nos metieron en un cuarto de otro hospedaje a esperar de nuevo.

¿Qué esperamos?, pensaba yo.

Ya no seguimos en autobús, sino que nos sacaron de allí en varios vehículos. Fue un trayecto rápido hacia una pista aérea. El próximo paso del viaje no iba ser por carretera, sino en avioneta. Para mí fue una experiencia aterrorizante, pues nunca había volado. Las fuertes sacudidas, los repentinos descensos y el golpeteo de la turbulencia me hacían sentir que nos desplomábamos desde aquella gran altura.

Recordé los aviones que lanzaban bombas sobre los poblados. Aparte de esos solo había visto los que aparecían en un comercial de la aerolínea Panam en la tele a las ocho de la noche, en el que saludaban a los televidentes y les avisaban a los niños que era hora de ir a dormir.

—Ya llegamos al Distrito Federal, exclamó el coyote.

Anochecía y comenzaban a verse las luces. Lo único que recuerdo de haber sobrevolado la capital mexicana es sentir que nunca se terminaba aquella inmensa alfombra luminosa. Por fin tocamos tierra en el aeropuerto.

Curiosamente, salimos sin ningún problema por una puerta lateral y tomamos un taxi para llegar a nuestro próximo alojamiento, donde nos quedamos por casi dos días. Era un lugar oscuro y nos dijeron que bajo ninguna circunstancia saliéramos ni abriéramos la puerta a nadie.

A nadie.

Se llevaron la llave.

—Esperen aquí a que les traigamos comida. De verdad, no salgan, aquí es una zona muy peligrosa de la ciudad. Les pueden disparar. Y si la policía de aquí los agarra, va a ser difícil que los hallemos y ya no podrán continuar hacia Estados Unidos.

Obedecimos al pie de la letra. Nos quedamos encerrados, conversando en la oscuridad. No había ventanas. Cuando llegó la comida debimos comer a toda prisa porque apagaban la luz. El coyote ya nos había advertido que esto pasaría, pero vivirlo fue escalofriante.

Los minutos se convirtieron en horas y las horas, eternidades. Diez personas sentadas en un pequeño cuarto. Sudores, humores, rumores. A veces tocaban la puerta y yo contenía la respiración. Cuando me dio sueño me dormí en el piso. Recordé a mi mamá y me puse a orar. En aquellas circunstancias, hasta el menos creyente le pedía amparo a Dios. Se escuchaban plegarias susurrantes. Oírlas era un consuelo en la oscuridad. Nos daba hambre y la puerta seguía cerrada.

Después de horas de aquel encierro, por fin nos avisan que podemos salir. Salgan rápido. Súbanse aprisa a los vehículos. Nos llevaron de nuevo al aeropuerto. Nadie nos pidió papeles, ningún policía nos detuvo. Otra avioneta nos estaba esperando. Esta vez para ir a Tijuana. El aparato ganó velocidad en la pista y alzó el vuelo. Ya tenía un poco menos de miedo. Vi el amanecer desde el aire. Vi el suelo lejano. Verdores y desiertos. Pueblos desconocidos.

Me pregunté si acaso a esto refería mi mamá cuando decía que en sus sueños me había visto volar alto, aunque no tenía mi *capixay,* como ella lo había visualizado. No tenía la menor idea de dónde me encontraba. Si este aparato se cae nos matamos era la idea recurrente en mi cabeza. Padre nuestro que estás en los cielos…

Mientras volábamos, nos dieron miles de indicaciones para poder efectuar el cruce de la frontera de Estados Unidos, pero puse poca atención por observar desde las ventanillas aquella inmensidad de tierra blanca y café.

Por fin comenzamos a descender. El último jalón de la avioneta antes de tocar tierra nos dejó sin aliento. El golpe de calor fue intenso. No se veía alrededor más que desierto y unas cuantas lomas sin vegetación.

—¡Llegamos a Tijuana! —nos anunció el coyote.

14

WELCOME TO THE USA

La madrugada del 27 de noviembre de 1990 llegué a Los Ángeles, California. La travesía había durado 12 días. Yo era el último miembro de mi familia en emigrar a Estados Unidos.

No había dormido nada en las últimas 24 horas debido a que cruzar la frontera se hizo difícil y requirió de varios intentos. Por poco me captura un agente de migración, pero no pensaba más en esas dificultades porque me ganaba la ansiedad de ver y abrazar a mi mamá. Quería escuchar su voz y volver a decirle que la había extrañado, que la amaba, que era mi madrecita querida, que no me quería volver a separar de ella.

Ante mis ojos desfilaban bonitas casas californianas de los suburbios y jugaba a elegir la que más me gustaba para que fuera la nuestra. Pero en aquel tiempo mi familia no vivía en una de esas construcciones de película, sino que alquilaban una sencilla pieza en un viejo complejo de apartamentos.

Quitaron llave en una cerradura. La ansiedad era creciente.

—Aquí vive tu familia —me dijeron.

¡Llegó el momento que tanto había esperado! Entré corriendo, mirando en todas direcciones, en busca de mi madre para darle un gran abrazo. Pero no había ninguno en ese lugar. Nadie. ¿Qué ocurrió?

Regresemos unos cuantos días, a Tijuana.

Al bajar de la avioneta nos trasladaron en vehículo por calles solitarias hasta llegar al centro de la famosa ciudad fronteriza. Era enorme. Conforme nos adentramos el ambiente se hizo alegre, bullicioso, aunque a la vez tenía un aura melancólica y amenazante. Me sorprendió ver de pronto a tanta gente por las calles. Unos celebraban, bebían; otros solo estaban sentados. No faltaban las miradas perdidas, quizá iguales a las nuestras. Sonaban mariachis y también sirenas de autopatrulla.

—A diario llegan aquí cientos de personas de todos los países de América y también de otros continentes, con la intención de cruzar la frontera hacia Estados Unidos —dijo el coyote, quien nos advirtió que había mucha vigilancia de la policía mexicana y que si nos atrapaban no habláramos nada en español, sólo en q'anjob'al; que diéramos a entender que éramos mexicanos, para que no nos deportaran hasta Guatemala.

—¡Digan Oaxaca!, nada más.

Otra vez a un encierro. Durante cinco días nos mantuvieron en una habitación de hotel nada acogedora. Peor aún, juntaron a nuestro grupo con otros provenientes de varias partes de México. En aquel momento yo no lo comprendía, pero estaba viendo cómo trabajan las redes de tráfico humano. Olores, humores, sudores.

No podíamos ni asomarnos a la ventana y mucho menos salir a la calle.

—No hablen con nadie, porque hay asaltantes y secuestradores. Si logran jalar a alguno de ustedes, pedirán algún rescate o los obligarán a pasar droga por la frontera. No se puede confiar en ninguno aquí, aunque parezca amigable.

Para dormir había que acomodarse de cualquier manera. Fue desesperante, aburrido, desagradable, y no teníamos otra alternativa. La verdad es que al tercer día de espera ya me estaba asustando. Nos daban de comer, pero estar junto a otras veinte personas en un espacio reducido y a oscuras, se vuelve agobiante.

Por la noche se oían gritos, disparos, más sirenas de patrullas en la calle. ¿Venían por nosotros? En aquella incertidumbre parecía que cualquier cosa podía pasarnos. ¿Y si nos habían abandonado?

El cuarto de nuestro confinamiento tenía piso de tablas. Por las rendijas se veía pasar a muchas personas, mientras nosotros prácticamente estábamos presos. Solo miraba las cabezas. Caminaban tranquilos. De repente pasaban algunos corriendo y luego nada.

Había mucho polvo. La poca luz que entraba por esas rendijas formaba haces de luz en los cuales se podía ver las partículas de polvo agitarse. Varias veces me puse a llorar en silencio. Sentía mis lágrimas caer. No entendía por qué debía pasar por todo esto para poder ver a mi familia. ¿Qué estarán pensando los demás compañeros del viaje? ¿Por qué no exigen que nos saquen?

A mi alrededor se escuchaban llantos, murmullos, seguramente oraciones y también había gente que se quejaba de dolores. Nos tratábamos de consolar, de darnos ánimos, pero era difícil después de un día, dos días, tres días, cuatro…

Lo único que quería con todas mis fuerzas era ver a mi mamá, abrazar a mi mamá, mirar a los ojos a mi mamá, y por supuesto, al resto de mi familia. Lloré una vez más. Le preguntaba a Dios por qué era tan injusto conmigo, por qué tenía que estar pasando por esta tortura. Si de todas maneras yo ni quería viajar a Estados Unidos, yo estaba feliz en Santa

Eulalia. Extrañaba a mi familia, pero de verdad no entendía por qué habían tenido que irse tan lejos. Nadie quiere migrar por gusto: dejar su casa, su cultura, su tierra es doloroso para cualquiera. ¿Cuándo saldremos de aquí?

Por fin llegó la sexta noche. Nos anunciaron que íbamos a cruzar "hacia el otro lado".

—¡Pongan atención a estas instrucciones, porque si capturan a alguien durante el cruce se queda solo! ¡No podemos regresar por nadie! Si sienten que los policías los han visto y los persiguen, regresen al lado mexicano. Si se pierden, busquen este mismo hotel y aquí nos reunimos, pero vamos a luchar porque todos pasen hoy al otro lado. Vamos a aprovechar la oscuridad. Hay que correr bastante, como un kilómetro. Si yo les digo que se devuelvan a México, se devuelven. Y si oyen que vienen helicópteros, no miren para arriba porque tienen unas cámaras especiales que detectan el brillo de los ojos. Nos vamos a cruzar la malla por unos agujeros que les vamos a mostrar. Si los persiguen los policías de migración, corran y métanse de vuelta por esos agujeros, luego vuelvan a intentar. Si logran llegar al otro lado de la malla busquen los arbustos para esconderse. No hagan ruido. Yo los encuentro después, uno por uno. Tenemos toda la noche para cruzar. ¡Órale pues! Buena suerte y nos vemos del otro lado. ¡Ah y si no creen en Dios, hoy es el momento de creer, pídanle que no nos atrapen!

Salimos caminando de la ciudad, en fila, entre arenales y lomas áridas. Yo iba al lado de mis "padres". Cruzamos varios riachuelos, agachados y tratando de hacer el menor ruido posible.

El último río que cruzamos en Tijuana ya no era tan pequeño y nos mojamos casi hasta la cintura. ¡Cuando éste crece arrastra a la gente!, advirtió el guía. A unos 200 metros estaba la anhelada frontera, marcada por una malla de unos tres metros de alto. Nos sentamos a esperar detrás de arbustos mientras "el coyote" y sus ayudantes veían si estaba libre para continuar el avance. ¡Tengan cuidado porque hay alacranes y serpientes! No levanten las piedras ni vayan a sentarse en ellas.

Basta cruzar esa cerca para estar ya en territorio de Estados Unidos, pero después de ella hay una franja de tierra, como una especie de carretera ancha que corre junto a toda la barda. Ese camino tiene casi un kilómetro de ancho y su objetivo es poder detectar con facilidad a los indocumentados que se cruzan. La policía de migración de Estados Unidos vigila intensamente en picops, cuatrimotos, caballos y también helicópteros. Mientras esperábamos nuestro momento observamos a otros grupos de migrantes saltar la barda y correr. Había aparente silencio y una oscuridad total, pero repentinamente salían los agentes fronterizos con fuertes reflectores en los vehículos y capturaban a la gente.

Todo volvía a quedarse en silencio. Otra vez parecía totalmente desierto; más grupos se colaban debajo de la malla y corrían. De nuevo las luces, las sirenas, los gritos, las súplicas, los diálogos en inglés y español.

Nosotros sólo mirábamos. ¿Cuándo nos tocará el turno? El coyote dijo que esperaba el cambio de turno de guardias. Luego nos tocaría correr con todas nuestras fuerzas para atravesar el camino ancho.

Empecé a sentir miedo. El corazón me latía hasta por los oídos en el silencio oscuro del desierto. Había toda una multitud escondida en los matorrales. Familias completas, con niños y bebés. Algunos niños y adolescentes iban solos, igual que yo.

Fueron horas de espera, horas de encomendarse al cielo, horas de lágrimas brotadas, horas de hacer promesas a Dios de portarnos bien si lográbamos cruzar al otro lado. Fueron momentos tormentosos y a la vez de una especie de hermandad continental en la penuria. Allí no había mexicanos, guatemaltecos, hondureños o nicaragüenses: sólo había gente con ganas de tener una oportunidad de salir adelante. Trataba de comprender la razón por la cual existían fronteras, por qué tenía que cruzar la frontera de esta manera. Nunca logré comprenderlo, por mas que traté. ¿Cómo el progreso no llegó a nuestros países? ¿Por qué la violencia absurda nos obligaba a dejar nuestros campos y nuestras aldeas?

Mientras seguía escondido, atrapaban a más personas en el intento. Unos lloraban, otros intentaban resistirse y los engrilletaban. Aquel suelo fronterizo habría recibido tantas lágrimas de migrantes, tantas gotas de sudor angustiado e incluso sangre de personas que eran víctimas de las bandas de asaltantes, que eran un peligro adicional en aquella tierra de nadie.

Sonó nuestra señal para intentar el cruce: un aullido del coyote.

Pasamos el mojón de México, debajo de la malla, como conejos, y a correr con todas las fuerzas. Aquella planicie estaba cubierta de arena y los pasos parecían no avanzar.

—¡No miren hacia arriba! ¡Miren solo al suelo! Nos repetían con susurros. ¡No nos pueden ver a menos que detecten el reflejo de los ojos!

A lo lejos se oían los motores de vehículos que recorrían otro tramo del arenal con fuertes reflectores, pero había más con las luces apagadas que ya se dirigían hacia nosotros.

Yo siempre creí que había sido bueno en las competencias de velocidad en la clase de Educación Física y no importaba que el terreno fuera abrupto porque en mis tiempos libres de Santa Eulalia había practicado muchos saltos y caídas. Era el momento de ser veloz como el correcaminos.

Vamos avanzando medio agachados. Yo iba a todo lo que daban mis pasos y hasta sentí que podía ser invisible. De pronto me deslumbraron las luces de una patrulla.

—¡Devuélvanse, devuélvanse!…

Corrimos hacia territorio mexicano.

Apenas si podía distinguir la malla y los agujeros por donde habíamos logrado pasar. Nos pusimos a salvo. Esperamos a que se alejara la Migra.

—Descansen un poco, lo intentaremos en la madrugada.

¿Cuánto esperamos? No lo sé. Había mucho frío, aunque la arena guardaba todavía un poco de la tibieza del calor diurno. El amanecer ya estaba cerca. A lo lejos se oían los motores en patrullajes interminables. ¿Qué, nunca descansan?

—Prepárense, vamos otra vez.

Yo era un conejo de pasos desesperados. Quería que mis piernas fueran mágicas y dieran prodigiosas zancadas, pero no. Apenas avanzaba. Pensé en mis hermanos, en los tiempos en que jugábamos a las escondidas o a que no me quitaran la pelota de fútbol. Buscaba una pequeña zanja o un matorral para ocultarme.

El haz de un reflector de helicóptero cayó sobre nosotros. Autopatrullas también. Gritos en inglés. No sabía lo que decían, pero entendía perfectamente que estaban persiguiéndonos. Otra vez había que correr hacia México, pero esta vez, un policía me había visto y me perseguía muy de cerca. Se lanzó con el brazo extendido y me hubiera atrapado de no ser por un señor gordo que corría atrás de mí gritando: ¡Ahí vienen, ahí vienen!

El agente logró sujetar al pobre gordito e intentó agarrarme con la otra mano, pero yo, por ser pequeño me logré zafar y me colé debajo de la barda fronteriza. Sentía el corazón en la boca, me sudaba el cuello, temblaba.

—¡Tranquilo!, lograste escapar —me dijo una voz, aunque no vi la cara del individuo.

Después de ese susto, hubo un momento de extraño silencio y tranquilidad en que tuvimos la oportunidad de cruzar la barda, atravesar la franja de un kilómetro de arenal y de pronto ya estaba entre tupidos matorrales kilómetros adentro de Estados Unidos. El resto fue sonido de pasos y el olor de la nube de polvo que quedaba atrás mientras el amanecer aclaraba con hermosos colores en el horizonte.

El coyote me hizo señales. Todo el grupo estaba junto. Lograron pasar. Caminamos entre lomas pedregosas, donde no había más Migración.

—No se aparten porque aquí es fácil perderse, nos advirtieron.

Y nos agarramos de la mano todos, como una especie de cadena humana. Uno tras otro. Como si fuéramos niños. Bueno, yo lo era.

En un camino de terracería estaban esperándonos unos carros. Nos repartieron entre todos. Yo viajé junto a mis "papás", si me preguntaban. Tenían todo preparado "legalmente" para pasarme como su hijo en algún puesto de registro ya dentro de Estados Unidos. El coyote sería mi "papá".

Tomaría unas cuatro horas hasta llegar a Los Ángeles. Aunque estaba súper agotado no dormí por el gran susto, pero sobre todo porque sentía cerca a mi familia; además aquel paisaje resultaba nuevo y fascinante para mí. Sólo había que pasar un último puesto de registro, en un lugar llamado San Ysidro, estratégicamente instalado entre la ciudad de San Diego y Los Ángeles.

—¡No hablés!, me advirtieron. Pero si te preguntan algo los policías, decís que somos tus padres. Yo solo miraba el rostro asustado de la señora, mi "mamá", desconocida.

Es rara la vez que detienen autos en ese puesto de registro, pero quizás por el tipo de auto en la que veníamos, a nosotros sí nos pararon. Pidieron los documentos del carro y de sus ocupantes. Eso lo pude adivinar. El resto eran palabras en inglés que el coyote les explicaba, como si fuera un viajero con su familia.

Yo me hacia el dormido para no ver o mostrar mi rostro, pálido de tanto miedo. Nos dejaron pasar sin mayor problema. No sé como sucedió eso, ya que el piso del auto estaba lleno de arena. Se veía claramente que habíamos pasado por terreno desértico. Quizá pensaron que habíamos ido de paseo a alguna playa en San Diego o de Baja California. Yo solo rezaba. Nos dejaron continuar.

—*Welcome to the USA.* ¡Bienvenidos al Norte! A partir de este punto ya no hay más puestos de registro. ¡Lo logramos! —exclamó el coyote.

Aplaudimos. Estábamos tan felices. Por una parte respiré aliviado y por otra era imposible de creer. Recordé las promesas que había hecho en mis oraciones, desde la noche anterior cuando estaba cruzando la frontera.

—"Dios ya hiciste lo tuyo. Deja que yo haga lo mío de ahora en adelante y pueda cumplir cada promesa que te he hecho en esta travesía". Miré por la ventanilla y tenía lágrimas de felicidad brotando de mis ojos.

Lo demás fue asfalto, emoción y ansiedad por ver a mi familia: Autopistas como en las series de televisión, automóviles en cantidades nunca imaginadas, letreros de restaurantes, puentes colocados uno sobre otro, interminables barrios de hermosas casas con intermitentes palmeras. Cada vez que veía los letreros de los restaurantes, el estómago me revoloteaba por el hambre que tenía.

Aquel era mi primer amanecer californiano y comencé a darme cuenta de que en pocos minutos veía a mis hermanos, juntos, por primera vez en más de un año, y a mis padres, juntos, por primera vez en más de tres. ¿Cómo me recibirían? ¿Tendrían preparada alguna sorpresa para mí? ¿Harían una fiesta?

A quien más quería era ver a mi mamá. Darle un abrazo, contarle cómo había logrado escapar del policía en la frontera y de pronto recibir algún pequeño regaño por las quejas durante mi estadía en Santa Eulalia.

—¡Bueno, aquí es donde vive tu familia! —me indicaron.

Era un edificio viejo donde había muchos apartamentos: bullicio de gente que no conocía, puertas gastadas y sin pintar, un lugar que parecía ser ningún lugar—era mi nuevo hogar.

¿Aquí es? Entramos.

Habían dejado la llave con algún vecino.

¿A quién vería primero, a Leonardo, a Eulalia, a quién? Entré emocionado. Pero no había nadie en el apartamento, porque los mayores y mi papá andaban trabajando. Los menores, estaban en la escuela y mi mamá, estaba en el hospital.

—¿Qué?

— Sí, tu mamá está en el hospital porque tu hermano más pequeño acaba de nacer.

— ¿Hermano?

Se trataba de Abdías, el menor de la familia y el único que nació en Estados Unidos. Justo el día en que yo llegué.

Me pasé horas viendo la televisión, que resultaba más extraña que nunca. No entendía una sola palabra. Observé los sillones vacíos, la mesa sin comida, la cocina en silencio.

Por la tarde, todos empezaron a llegar, pero no hubo algarabía, euforia ni fiesta. Más bien una normalidad que me confundió.

—¡Ah! Hola Marcos, ya llegaste.

—Buenas noches, Marcos, ¿como te fue?

Los saludos eran tan cotidianos, como si nunca me hubiese separado de ellos. Tres días después salió Mamá Lucín del hospital, junto con mi nuevo hermano. Sonrió al verme. ¡Qué bueno que ya estás aquí, m'ijo!

Ella sí me abrazo. Me besó. Me sentí nuevamente a salvo entre sus brazos. Yo deseaba que nunca me soltara otra vez. Tenía la seguridad de que podía estar o ir donde fuera y ella me protegería. Pero bueno, aquello duró tan solo unos segundos. La atención de todos era, naturalmente, para el bebé. Me preguntaron si tenía hambre y me indicaron en dónde iba a dormir.

¿Podía regresarme a Santa Eulalia, si quisiera?, pensaba para mis adentros. No sabía qué esperar o qué sentir. Fue un tiempo de adaptación. Fue cruzar una interminable franja fronteriza, excepto que en lugar de policías me perseguían la decepción, el aburrimiento y la incertidumbre de cómo debía actuar, hablar o ser. Corría cuanto podía para sentirme normal en aquella nueva vida, pero no encontraba un agujero en el cual escabullirme.

Me sentía perdido, indefenso, sin retorno.

15

UN Q'ANJOB'AL MÁS EN LOS ÁNGELES

Desorientado, desubicado, con el ombligo colgado en un árbol a 14 años luz más otros 4 mil 500 kilómetros de distancia y con dos fronteras de por medio…. ¿Qué hago aquí?, me pregunté durante muchos días mientras observaba mis propios pasos, en medio del bullicio estudiantil en los pasillos de la secundaria Berendo *Middle School*,[30] en la avenida Vermont y Primera, una dirección que tuve que memorizar para no perderme. Los Ángeles es una ciudad inmensa, intensa, inabarcable, famosa por las películas, pero realmente intimidante, con decenas de letreros que no decían nada, bueno, lo decían, pero en un idioma que me sonaba a laberinto. Estuve allí tan solo unos meses, por razones de edad. Cuando cumplí 15 años pasé a la Belmont *High School*[31], en el 1575 de la calle 2, en Westlake,

---

[30] En el sistema escolar estadounidense, la Elementary School, equivale aproximadamente del 1º. al 5º. grados de primaria de Guatemala. Después viene la Middle School, que se puede equiparar del 6º. primaria al 2º. básico, pero en la ubicación de grados también tiene que ver con la edad del alumno.

[31] La etapa de High School es una especie de diversificado o preparatoria para la universidad. Equivale, aproximadamente del 3º. Básico al 5º. bachillerato guatemalteco.

otra dirección a memorizar, en caso me desorientara y tuviera que preguntar. Trataba de guiarme por ciertos rótulos o edificios, pero luego todos me parecían iguales.

Durante mis últimos días en Guatemala, aprendí tres expresiones en inglés, las cuales, según yo, serían suficientes para sobrevivir:

OK,

Thank you

I'm sorry.

De hecho, fueron las únicas frases en dicho idioma que pude utilizar por varias semanas en Estados Unidos. Obviamente, se quedaron cortas muy pronto.

Fue una auténtica tortura escuchar, sin entender en absoluto, las explicaciones de los *teachers* en clase o adivinar lo que intentaban expresar otros compañeros, quizá en la misma situación lingüística que yo, al hacer preguntas a los maestros. Los veía armar precarias frases a la vez que observaba a ciertos estudiantes burlarse de sus titubeos y deficientes pronunciaciones. ¿Quién comprendía menos a quién?

Yo atrapaba, como todo principiante, palabras cuyo sonido tiene parecidos con el español como, por ejemplo: *special, science, community, humans, students*, aunque no eran muchas, dado que el castellano tampoco era mi lengua materna, así que más bien adivinaba lo expuesto en las clases mediante los dibujos en el pizarrón o las ilustraciones de los libros. A ratos la monotonía me ganaba el pulso y los ojos se me cerraban. Era un irresistible e inconsciente escape momentáneo del cual regresaba de golpe:

—¡*Mister* Antil!…

Tenía al maestro enfrente y todos los ojos sobre mí, más alguna risa de burla al fondo. Así que intenté no quedarme dormido.

A diario experimentaba una tensa locura rutinaria desde que me levantaba a desayunar para luego dirigirme hasta la escuela mientras la brisa fría me recordaba mi condición de extranjero.

"¡Mejor me hubiera quedado en Santa Eulalia!", lamentaba, sobre todo cuando otros estudiantes se burlaban de mí por permanecer mudo la mayor parte del tiempo o por quedarme confundido, ajeno, avergonzado frente a una pregunta del maestro o peor aún, cuando balbuceaba fragmentos con pedazos de inglés más trozos de q'anjob'al y castellano.

Mi pronunciación era mala pero aún así me animaba en poder expresar mis ideas. En realidad, a pesar de mis conflictos interiores, me esforzaba para aprender lo máximo posible. Uno empieza a madurar cuando se da cuenta que en la vida no hay marcha atrás y que se debe afrontar la adversidad con la vista puesta en un objetivo. Tenía que encontrar el camino en aquel entorno desconocido, así como alguna vez, de tanto caminar en el bosque de Santa Eulalia me desorienté y tuve que buscar el sendero de regreso.

El *bullying*[32] ni siquiera figuraba en aquel tiempo como una denominación para el acoso escolar, pero éste ya existía, ¡y vaya si lo había!

A pesar de la multiplicidad de nacionalidades que convivían en la escuela —latinos, chinos, coreanos, tailandeses, japoneses, estadounidenses, etcétera—, circunstancia que debió generar un ambiente de pluralidad y aceptación, se estructuraba un arbitrario sistema de jerarquía del más fuerte, del más bravucón o el que simplemente se siente "superior".

Aquí entraba la mayor contradicción: los guatemaltecos sabíamos que veníamos del mismo territorio y que teníamos el reto de superarnos en Estados Unidos; todos éramos migrantes, ya se tratara de ladinos de habla castellana, garífunas, xincas o mayas de las diversas etnias —kekchíes, k'ichés, q'anjob'ales, k'akquicheles, tzutujiles y otros idiomas que en total

---

[32] Agresión verbal, psicológica o física hacia quien se considera inferior o diferente

suman 22—. La tragedia era que ni estando tan lejos de nuestra tierra existía la confianza ni el impulso de solidaridad para apoyarnos entre nosotros, a diferencia de otras identidades nacionales y culturales, sobre todo los asiáticos. Por ejemplo, los chinos eran extremadamente solidarios y organizados, sin importar de qué región provinieran o si procedían de China Continental y de Taiwán; lo mismo pasaba con vietnamitas del norte y del sur, norcoreanos y surcoreanos, o con los tailandeses.

A causa de esa tácita división, los de Guatemala terminábamos mucho más cercanos de los salvadoreños, los hondureños o los nicaragüenses. Ciertamente eran países hermanos, donde también hubo guerras, pero poseían rasgos distintivos que los unían más que a nosotros.

Los mismos latinoamericanos, a pesar de tener el idioma español como poderoso nexo común, nos veíamos encasillados en una especie de parcelas, de compartimientos, de gavetas regionalistas: que los mexicanos, los colombianos, los caribeños, los centroamericanos.

Puedo estar equivocado, pero siento que entre chapines no siempre se ha conseguido la cohesión suficiente como para construirnos un auxilio mutuo sólido en suelo extranjero.

Para no parecer criticón que solo ve los defectos de los demás, confieso que en mi propia cultura, q'anjob'al, dentro de mis primos y amigos, hubo quienes se avergonzaban de hablar nuestro idioma materno, incluso en sus casas.

Decían que por estar en Estados Unidos solo hablarían inglés, que por hablar español los discriminaban pero que era aún peor si se atrevían a hablar el idioma maya en la escuela o en espacios públicos. Hasta cierto punto, eso era verdad, pues en ocasiones había burlas o calificativos despectivos hacia quien reafirmara sus raíces. Por eso algunos incluso se teñían el cabello de rubio o castaño, supuestamente para que no los identificaran como indígenas.

En el caso de los adolescentes, de todas nacionalidades y orígenes, nuestras obvias diferencias se veían desvanecidas por la dificultad común ante el inglés, pero también por las circunstancias económicas y emocionales difíciles que les tocaba vivir a todas nuestras familias. Nuestros padres pasaban todo el día, toda la semana, fuera de casa. Los jóvenes debíamos autoadministrar nuestro tiempo, lidiar con las tensiones propias de tener a mucha gente conviviendo en un pequeño apartamento, en apretados condominios, y apoyar en las labores hogareñas. Teníamos un punto de partida desventajoso para el aprendizaje, pero nadie mostraba consideración hacia esa circunstancia. Ello me llevó a pensar que las horas en el aula eran una pérdida de tiempo y que era mejor opción ganar dólares en una factoría que luchar contra el sueño en una clase aburrida.

Ahora bien, a pesar de todos mis cuestionamientos personales yo no creía correcto renegar de nuestras raíces. De hecho, mi primera opción de fuga imaginaria era retornar a mi pueblo Santa Eulalia, a sus tradiciones, a su cohesión comunitaria. Pero claro, no quería separarme de mi familia. Así que cuando iba, algo a la fuerza, a la iglesia evangélica "Cristo Pronto Viene" a la que asistían mis padres, en la calle 115 y Bixel, siempre le pedía a Dios que nunca me dejara olvidar mi origen humilde; que ante cualquier cosa, cualquier circunstancia y adversidad siempre tenga la frente en alto, orgulloso de ser q'anjob'al, guatemalteco y latino. Te lo pido mucho Señor, Amén.

Pero no había milagros, ni la realidad se facilitaba.

No entraré a describir todas las vivencias de apodos, empujones, burlas, remedos y otras maneras de hostigamiento escolar que padecí, aunque llegó un momento en que aquello llegó al límite de lo insoportable.

Aquellas señales de menosprecio y segregación provenían de alumnos estadounidenses de nacimiento, de latinos que ya dominaban el idioma y también de ciertos grupos de jóvenes afroamericanos. No todos, aclaro. Siempre he estado convencido de que nunca es bueno generalizar, porque también encontré grandes amigos americanos, latinos y afroestadounidenses que me tendieron la mano. Quizá solo era cuestión de conocernos, de romper los prejuicios, aunque a veces se rompía algo más…

En ocasiones la violencia era gratuita, como la vez en que tomé el autobús para regresar a casa desde la escuela Berendo. La unidad iba repleta, como todos los días, pues la abordamos alumnos de todos los grados.

En aquella aglomeración, varios nos movimos hacia la parte media del bus. Subieron más estudiantes, cuadras adelante, y en aquel movimiento alguien accidentalmente pisó el pie de otro estudiante que era mucho mas alto que yo, quien se enfureció, volteó a ver quién había sido y me miró directamente. Por mi cabeza solo pasó la pregunta, rápida, y sin respuesta: ¿Cómo se dice en ingles "no me mires así, yo no fui"?

Antes de que terminara de pensar tal traducción, el muchacho me asestó un puñetazo en la cara. Mis tres expresiones aprendidas eran inútiles en aquel momento. No podía decirle *OK!* por el golpe, y mucho menos *Thank you!*

Finalmente le dije *I'm sorry!*, pese a que yo no le había hecho nada.

Aquella mezcla de impotencia, indefensión y sensación de estar totalmente fuera de lugar era una de las causas por las cuales no quería regresar a la secundaria después de las primeras vacaciones de verano. Fue el momento cuando entré a trabajar en la maquila en donde me quemé el brazo con la planchadora de ropa.

Comparo esa etapa con el trasplante de un árbol joven: se le arranca del lugar donde nació y creció inicialmente; en sus raíces lleva algo del suelo originario, pero es colocado en un agujero de tierra extraña en donde tendrá que volver a crecer y adaptarse a las nuevas condiciones. En ese proceso hay árboles que se secan, se mueren o se quedan raquíticos. Es un suceso traumático que viví no sólo yo, sino toda la familia, toda una generación de gente, pero ello lo entendí hasta años después.

Sentía que me ahogaba en un agujero de tierra árida. Pero a la vez, se mantenía dentro de mí una esperanza, una intuición, un deseo de poder florecer incluso en tiempos de sequía y destierro.

El accidente con la planchadora, que relaté al inicio, fue como una poda para el arbolito trasplantado. Se me quemó una rama pero finalmente sanó. Cuando regresé a estudiar estaba convencido de esforzarme con toda mi capacidad en todas aquellas materias "difíciles" como inglés, ciencias, historia.

Al enfocar mi atención en aprender, advertí que mis compañeros sufrían muchísimo con la simbología, cifras y operaciones de la matemática. A mí, en cambio, me resultó una materia bastante amigable, pues no estaba sujeta a las barreras lingüísticas o culturales. Tenía reglas claras, lógicas, exactas, ineludibles, sin privilegios ni favoritismos. No se podía lograr un buen resultado por la fuerza, sino solo por la razón. No se podía corromper, no se podía hacer trampa para conseguir el producto correcto. Era una materia universal, casi se podría decir "democrática".

Claro, no todo en la realidad está tan algebraicamente determinado como quisiéramos. De pronto había que volver a encontrarse con aquellos alumnos mayores de otros grados que se sentían los dueños de los pasillos, de los armarios escolares o de determinados espacios en el patio de la escuela. Lo mejor era alejarse de allí sin protestar para no ser agredido o insultado de manera clasista.

Daban ganas de tener la capacidad física y el entrenamiento táctico, como uno de esos peleadores de artes marciales de las películas, para poner en su lugar a todos estos abusivos a puño limpio. Pero no.

Probablemente eran a su vez víctimas de sus familias, de sus complejos o de la marginalidad, limitaciones y hacinamiento en que vivíamos tantos migrantes. Bueno, eso lo pienso ahora, pero en aquel instante había que llorar indignado en el camino de regreso a casa o retener dentro de sí la impotencia ante los *bullies*[33].

"¡Si te unes a la MS nadie te molestará nunca más!, ¡cualquiera que se meta con vos lo acabamos entre todos!", fue la propuesta secreta que escuché en repetidas ocasiones de algunos compañeros de la escuela o del barrio.

Se referían a la Mara Salvatrucha (MS), una de las pandillas más temibles de Los Ángeles que había surgido recién en la década anterior y que planteaba una garantía de "protección" permanente dentro y fuera de la escuela para sus integrantes.

La pandilla representaba una especie de "familia" para todo aquel que, motivado por sus rupturas familiares y comunitarias, quería integrarse a cualquier cosa, aunque tuviese que cumplir con determinadas reglas y mandatos delictivos.

Suena a transgresión, pero para un muchacho solitario, cuyos padres están en dos o tres trabajos, desde antes que salga el sol hasta entradas horas de la noche, con pocos o ningún amigo y que se encuentra ante la amenaza de ser golpeado si pasa por cierta acera o que lo dejen sin almuerzo por ser moreno, bajo de estatura o con un inglés de acento golpeado, resulta una opción tentadora y quizás para muchos, la única opción de sobrevivencia.

El fenómeno de las maras nació precisamente en Los Ángeles. La mara 18 era mayoritariamente integrada por muchachos mexicanos, mientras que la MS agrupaba más que todo a centroamericanos, sobre todo salvadoreños. Las dos tenían presencia —prohibida— y constante rivalidad en la secundaria Berendo y en la *Belmont High School*.

---

[33] Abusadores

Dentro de los planteles había protocolos de seguridad, pero tarde o temprano había que volver a salir a la calle, camino al barrio. El peligro era que te asaltaran o bien que te invitaran amigablemente a unirte a ellos. Si ya habías tomado partido por alguna de ellas, el riesgo era encontrarte con los rivales. Por eso había territorios definidos. Pero si te equivocabas de calle, hasta te podían matar.

Mi mejor amigo, Óscar, era un mexicano de mi edad con quien compartí muchas dificultades propias de la vida de los adolescentes migrantes. Óscar era bondadoso, inteligente y tenía el sueño de ser arquitecto. Se le facilitaba mucho el dibujo. Siempre le dije que era un gran artista. Un día de tantos se hartó del acoso, los empujones, las burlas racistas, así que me dijo:

—Marcos, vámonos con la 18 ¡Nadie se meterá con nosotros, nos tendrán miedo, nos respetarán! —me decía.

Todo aquel que era pandillero quedaba de pronto, casi por arte de magia, blindado incluso contra el más acérrimo hostigador escolar. Sólo había que cuidarse de los archirrivales: la MS y viceversa.

Hubo momentos de franco enojo en que consideré seriamente entrar a la mara, pero aquel impulso de resentimiento era frenado por el cariño de mis padres, sus esfuerzos, desvelo y consejos. Fue su firme autoridad la que me dio seguridad. Su afecto me ayudó a decidir con responsabilidad.

No me gustaba cuando nos llevaban, a mis hermanos y a mí, quisiéramos o no, a la iglesia cristiana ubicada a unas cuantas calles de nuestra casa. Pero no nos estaban preguntando. Al principio fue agobiante y aburrido escuchar cantos de alabanza, uno tras otro; seguidillas de citas bíblicas; largos sermones y las historias de personas que relataban sus sufrimientos previos.

Conforme pasaron las semanas descubrí un nuevo sentido de pertenencia en la Sociedad de Jóvenes, en donde volví a valorar la bondad, las promesas y el amor de ese Ser Superior en nuestras vidas, incluso en aquellos instantes en que uno se siente solo ante la vida.

Nos inculcaban el sentido de servicio, nos invitaban a descubrir nuestro valor a través de la ayuda a los demás. Nos mostraban que hacer lo correcto no siempre era fácil, pero sí la única vía para ser mejor persona.

A través de sencillas pero significativas actividades, como concursos bíblicos, integrar un grupo de alabanza con mis hermanos o simplemente conversar con otras familias a la salida de los servicios, aprendí lo gratificante que era una conciencia de comunidad de personas y valores. Así logré trazar claramente la diferencia entre lo correcto y lo incorrecto. Eso, más la práctica constante del deporte, me fueron espantando los fantasmas pandilleros de la cabeza.

Comencé a jugar fútbol americano con el equipo de la escuela.

Mi posición favorita era la de *safety* y *linebacker*, en la última defensa. Me habría encantado ser mariscal de campo, pero no tenía mucha estatura que digamos. También me ilusionaba poder ser *linebacker* o defensivo de apoyo, pero ahí usualmente me iba súper mal porque al intentar contener a jugadores mucho más fornidos que yo, prácticamente me pasaban arrastrando.

El esfuerzo físico, en equipo, con un objetivo común, fue otra circunstancia que me fue enseñando que el camino al triunfo podía ser difícil, golpeado, pero nada podía despojarme de una meta firme. La energía invertida en aquellas horas de entrenamiento y la expectativa de los partidos se fueron convirtiendo en ideales de triunfo; las instrucciones del entrenador constituyeron un auténtico *"coaching"* de vida, pues la consigna era nunca rendirse, nunca quedarse tirado, nunca resignarse a la derrota, volver a intentarlo. Equivocarse servía para rectificar; avanzar medio centímetro era mejor que no avanzar nada, rendirse no es y nunca debe ser una opción.

En la Belmont *High School* cursé los grados 9, 10, 11 y 12, en donde tuve maestros que poseían una especie de toque mágico para motivarme a enfrentar mis debilidades y potencializar mis fortalezas.

Me centré en estudiar y aprender, ya no como una obligación sino como una convicción; aprendí a enfrentar los desafíos en lugar de querer huir de ellos. Prueba de ello fue que llegué a formar parte del equipo de Decatlón Académico, un concurso anual entre escuelas de Estados Unidos en el cual compite un equipo de estudiantes para superar diez pruebas: siete exámenes de selección múltiple, dos presentaciones y un ensayo sobre determinado tema asignado. Aquello me hizo mejorar increíblemente mi inglés, aunque no fue fácil porque fueron horas y horas de leer cosas que no entendía pero que me ayudaban a familiarizarme con las palabras. Además, con mi primo Maco íbamos a clases nocturnas de inglés, hacíamos ejercicios de pronunciación y nos reíamos de nosotros mismos cuando la dicción era la equivocada o al construir mal una frase.

Toda aquella motivación y actividad, por supuesto, no hacía desaparecer la dramática realidad socioeconómica y conflicto emocional de muchos jóvenes que sí se habían unido a las pandillas. Me percaté de ello una vez que iba caminando por la calle Rockwood, después de haber salido de la escuela. Me descuidé y olvidé quitarme mi gorra favorita, de color blanco.

Iba por la acera, cuando de pronto me salieron al paso unos pandilleros. Uno de ellos me dijo:

—¡Oye esa es una bonita gorra, me gusta mucho!

— Gracias —le dije, y seguí caminando.

No supe descifrar que aquella frase era una forma "amigable" de asaltar, por lo que no tardaron en correr tras de mí, me alcanzaron, me tiraron al suelo y me golpearon. Yo me cubrí la cabeza con las manos, no pensé más en la gorra. Se la llevaron.

Aún así, volví a pensar, *¡Thank God!,* porque no me hicieron nada más.

Recordé la violencia que se vivía por la guerra en Guatemala: la gente asesinada sin justificación alguna, por parte de la guerrilla o del ejército. Una gorra se vuelve a conseguir, pensé. Me levanté, me sacudí y seguí caminando hacia la casa. Me asaltaron, pero nunca me robarían la decisión de estudiar y superarme.

Hay un episodio fugaz pero emblemático, que me mostró la diferencia entre una decisión y otra. Ocurrió aproximadamente en 1997, cuando yo ya estudiaba en una universidad a 200 kilómetros al norte de Los Ángeles. Regresé una tarde de domingo a visitar a mi familia. Tuve un encuentro que todavía me impresiona al recordarlo:

Iba caminando por esas calles que tantas veces pasé de ida y venida a casa durante la secundaria y preparatoria en los primeros tiempos de adolescencia. En ese tiempo ya era universitario y tenía la visión clara hacia un título profesional, incluso había comenzado a trabajar para pagar mis estudios. Repentinamente noté que un pandillero me miraba desde lejos y comenzó a caminar decididamente en dirección a mí. Su manera de vestir y forma de caminar resultaban inconfundibles. Me hizo señales mientras se aproximaba. Fingí no escuchar lo que decía. De reojo distinguí dibujos y símbolos tatuados en su rostro y brazos.

—¡Hey, man! —me gritó. Recordé la ocasión en que me robaron la gorra blanca y prácticamente me preparé para ser asaltado.

Me registré las bolsas para ver cuánto dinero cargaba. No tenía mucho, unos cuantos dólares. ¿Y ahora qué hago? ¿Corro? ¿Grito? Nadie saldrá a ayudarme.

—*Wazzup homie? Remember me?*[34]

---

[34] ¿Cómo te va, hombre? ¿Me recuerdas?

La pregunta me hizo de inmediato reparar de nuevo en la vestimenta característica del pandillero, con pantalón corto y flojo, tenis y calcetines blancos: la tinta impregnada en números, letreros y lágrimas sobre la piel. Pero después me concentré en los ojos, que al principio eran amenazantes, pero en la cercanía pude descubrir la mirada de un niño lejano.

—¿Óscar? —le pregunté—. ¿Eres tú?

—Claro que sí carnalito. Qué alegría verte. ¡Pero cuanto has progresado! Me enteré de que estás estudiando en la universidad, te felicito. De verdad te admiro mucho por salir adelante. Me alegra que alguien del barrio vaya para arriba. Me hubiera gustado seguir estudiando como lo haces tú….

Platicamos un rato y no pude evitar pensar en el futuro que Óscar hubiera tenido de no haber entrado en ese submundo. Era un dibujante muy creativo, pero su familia estaba desintegrada y no lo apoyaron. Fue la última vez que lo vi. Baste recordar que prácticamente nadie puede salir vivo de una pandilla.

A pesar de eso se han multiplicado por todo Estados Unidos, México y Centro América, en buena parte debido a los problemas de violencia y desintegración de las familias, pero también por los rezagos sociales que en muchos casos terminan por crear resentimientos en los corazones jóvenes que viven en ambientes conflictivos, frustrantes y sin mayores oportunidades.

Conforme crecí, aprendí a inspirarme a diario al ver a mi papá y hermanos mayores regresar de noche de las fábricas, cansados pero contentos.

Me preguntaban cómo me había ido en el examen o en el juego de fútbol. Me animaban a seguir adelante pues para eso estaban trabajando fuerte. Y me inspiraba más mi mamá, el gran pilar de la familia, quien apoyaba siempre con mucha bondad a otros migrantes que necesitaban tramitar documentos o querían   inscribir a sus hijos e hijas en las escuelas. Mamá siempre tenía una solución para cada dificultad. Sabía ya con quién ir o a dónde efectuar las gestiones a pesar de que no hablaba bien el español ni el inglés. Además, lo hacía con gran energía y buena voluntad después de largas horas de trabajo. Ella me dio ese ejemplo definitivo de que no hay barreras si haces todo con dedicación, con propósito, pero sobre todo con amor.

Mi hermano Leonardo, de hecho, sacrificó sus deseos de ir a la universidad en aquellos años para continuar aportando dinero a la casa. Tenía el derecho de haberse dedicado a estudiar una carrera, pero prefirió apoyarnos a los más pequeños, pues prácticamente todas las semanas había recibos por pagar. Nunca faltó la comida sobre nuestra mesa.

Los domingos hacíamos una especie de excursión a pie hasta el supermercado Vons, sobre la 5a. Avenida, para comprar los comestibles de la semana. Era un lugar de frecuente encuentro para la comunidad de q'anjob'ales radicados en Los Ángeles, pues muchas familias llegaban a aprovisionarse allí.

A veces íbamos primero al McArthur Park y al regreso, recuerdo bien cuando pasábamos bajo el letrero de la calle Bixel, porque allí ya cada uno, incluyendo a mis hermanas pequeñas, llevaba una o dos bolsas con latas de frijoles, bolsas de arroz, paquetes de tortillas, verduras, jabón, leche, fideos... sin faltar las sopas Ramen de pollo, res o camarón, que fueron lo primero que yo descubrí al recién llegar a Estados Unidos.

Esas sopas me parecieron algo genial, pues en aquel tiempo no se conocían todavía en Guatemala y yo nunca había visto una comida que estuviera lista con solo agregarle agua caliente. Quizá hoy eso es muy común y hasta tenga cuestionamientos nutricionales, pero en aquel entonces y para un adolescente de provincia de un país lejano resultaba una suerte de prodigio que costaran solamente un dólar y solo había que ponerles agua caliente.

Nuestra vida familiar en la barriada próxima al centro de Los Ángeles era sencilla, situación compartida con miles de migrantes. Mi hermano Andrés nos llevaba a veces en su viejo auto a dar un paseo; viajábamos amontonados y compartíamos solo unos cuantos panes, pero eran tardes iluminadas por nuestra unión. Suspirábamos por nuestras amadas montañas verdes de la niñez, pero a la vez nos esforzábamos por labrar un futuro en una de las mayores ciudades del planeta. Los enormes edificios del *Downtown L.A.* parecían intimidantes y fríos gigantes de concreto, pero nosotros teníamos una fortaleza aún más grande y fuerte que todo aquel concreto armado: una familia unida.

16

AL MAESTRO CON CARIÑO

A lo largo de mi niñez y juventud hubo varios tramos en los que mis pasos fueron grandes y seguros gracias a que los di sobre las huellas que me dejaron algunos maestros, unos durante la primaria, en Guatemala; otros, en la secundaria, en Estados Unidos.

Dejé de ser un adolescente confundido para ser un joven con objetivos. De pronto, a pesar de la limitación de mi situación migratoria, la economía precaria de mi familia y mis propios complejos, comencé a ver que podía haber vida más allá de mi pequeño planeta mental.

La década de 1990 avanzaba como un *Terminator* motorizado por Los Ángeles, con toda la carga explosiva de grandes expectativas de una generación multinacional de migrantes en busca de futuro mientras la era de las computadoras comenzaba a apoderarse cada vez más de espacios de la vida y prometía ser la solución a muchísimos problemas cotidianos, aunque en aquel entonces todavía era muy difícil, por no decir imposible, tener una *Personal Computer* —*PC*— en casa.

Ya que hablamos de cine, pienso que aquellas películas sobre maestros que luchan por sus alumnos como *Stand and Deliver*, con Edward James Olmos o *Lean on me,* de Morgan Freeman, que a su vez son herederas de la tradición de "Al maestro con cariño" —*To Sir, with love*— con Sidney Poitier. Son relatos heroicos de grandes dramas y luchas por la enseñanza escolar en condiciones adversas. Pero todas esas cintas se quedan cortas ante el ejemplo digno de entrega diaria, hora tras hora, mes tras mes, de maestros como Mr. Carmona, Mr. Chávez, Mr. Oviedo, Ms. Croft o Mr. Miller.

Mr. Carmona era un profesor joven, egresado de la misma Belmont *High School.* En la década 1980 fue campeón estatal de atletismo y creo que sus récords aún se mantienen imbatibles. Era un coordinador deportivo y dado que me uní al equipo de fútbol americano, él debía seguir de cerca mi desempeño académico y en el equipo. Por ser latino, comprendía a la perfección las dificultades a las que nos veíamos expuestos los muchachos inmigrantes. Siempre me aconsejaba buscar la excelencia, fijar metas desafiantes y fue la persona que más me insistió en que debía continuar mis estudios universitarios.

—Tú tienes potencial, tú tienes talento —solía decirme.

Durante los primeros años de secundaria, yo tenía claro que después de la *High School* debía buscar un trabajo para ayudar a la familia. Pero Mr. Carmona empezó a hacerme la misma pregunta en los corredores:

—Marquitos, ¿verdad que vas a ir a la universidad?

A la hora de la práctica en la cancha:

—Marquitos, ¿verdad que vas a ir a la universidad?

A la salida o entrada de clases:

—Marquitos, ¿verdad que vas a ir a la universidad?

Al principio yo no respondía, me sonreía, no lo tenía pensado, aquello no es para mí. Pero poco a poco, la pregunta se fue convirtiendo en respuesta, hasta que un día de tantos:

—Marquitos, ¿verdad que vas a ir a la universidad?

—Sí, Mr. Carmona. Voy a ir a la universidad.

Pensé que con esa respuesta, por fin iba callar a Mr. Carmona para que me dejara en paz de una vez por todas, pero… al día siguiente:

—¡Marquitos, aquí te traje el formulario de solicitud para la universidad!

La *seño* Meredith Croft era una profesora estadounidense que impartía la materia de inglés como segundo idioma —*English as a Second Language* o ESL—. Se caracterizaba por su sonrisa y amabilidad; era rubia y también joven; sobre todo, la recuerdo por ser el perfecto ejemplo de tantos estadounidenses que repudian cualquier prejuicio, exclusión o xenofobia hacia los inmigrantes.

Durante las vacaciones de verano, ella pagaba, con su dinero, clases de natación para alumnos de escasos recursos. No era solo por el ejercicio físico, sino también porque al saber nadar podíamos aspirar a trabajar como salvavidas los fines de semana o durante el verano, en alguna de las muchas piscinas públicas del condado de Los Ángeles a fin de poder ganar algún dinero. No nos daba el pescado, sino que nos enseñaba a pescar… o a convertirnos en peces. Por aparte, con su paciencia y dedicación dimos nuestros primeros pasos sólidos en el aprendizaje del inglés y eso se lo agradeceré *forever*[35].

Mr. Oviedo era profesor de idioma español y nunca pude saber cómo conseguía tener un ojo sobre cada alumno con el fin de mantener el orden en el aula y a la vez saber dar una palabra oportuna en cada oído para

---

[35] Por siempre

animar a todos aquellos a quienes se nos dificultaban clases y nos sentíamos frustrados, a punto de salir huyendo.

Es curioso, pero cuando estudié la primaria, en Santa Eulalia, uno de los maestros que más me apoyó y aconsejó fue el profesor Margarito, quien impartía castellanización, es decir, la enseñanza del español a niños q'anjob'ales, en una época en que la educación en el idioma materno era más bien incipiente.

Eso quiere decir que el inglés vino a ser un tercer idioma en mi vida, pero a la vez el de uso primario, junto con el español. La verdad es que terminé aprendiendo el inglés más rápidamente que el español por lo que sería como mi segundo idioma y el español mi tercer idioma.

Mister Oviedo cuenta magistralmente sobre aquellos años de clases:

"Desde finales de la década de 1980, el sistema escolar de California comenzó a recibir a decenas, cientos, miles de estudiantes migrantes. Había que buscar la forma de asimilarlos, nivelarlos, capacitarlos, pero, ¿cómo hacer para poner en el mismo salón de clases a alumnos chinos, coreanos, tailandeses, con jóvenes provenientes de México, Centro y Sudamérica, muchos de ellos de habla hispana? Por la guerra y la pobreza también había una increíble cantidad de indígenas, de diversas etnias, cuya existencia se nos revelaba precisamente por la presencia de aquellos muchachos que no sabían inglés y apenas un poco de español, en el mejor de los casos.

Aquello era un reto pedagógico, cultural, social e idiomático que nos puso en serios apuros a los maestros.

Tuvimos que diseñar un programa especial de enseñanza de inglés, español y el resto de materias que aprovechara aquellas diferencias, pero sobre todo los talentos comunes.

Involucramos a los padres de familia y nos dimos a la tarea de investigar la proveniencia de todos aquellos migrantes, así como las circunstancias históricas de sus países. Buscamos metodologías mediante imágenes y una especie de traducciones paralelas, simultáneas, a fin de aprender nosotros también un poco de aquellos códigos lingüísticos, con la finalidad de no dejar que aquel potencial se nos fugara, por frustración, durante los recreos o que no volvieran a clases al día siguiente.

Para terminar de complicar el cuadro, teníamos la fuerte presión de las pandillas que constantemente asediaban a los jóvenes para que dejaran la escuela o que se infiltraban para distribuir drogas; el antagonismo entre esos grupos generaba una tensión violenta que nos obligó a poner detectores de metales en las entradas y a registrar las mochilas diariamente, al entrar o salir, pues el influjo de las pandillas penetraba los muros como una peste indeseable, infecciosa, agresiva.

Siempre he creído que nunca se debe menospreciar la inteligencia de un adolescente y que los castigos, sobre todo físicos, tienen a menudo un efecto contrario a lo que se desea.

Lo mejor para educar es tener reglas claras, preguntar siempre antes de tomar una decisión y escuchar la realidad del joven. Luego, hay que tratar de ponerle un desafío mental que lo obligue a evaluar, desde otra perspectiva, lo que está pensando.

Teníamos que vigilar a todas horas, por turnos, para que los jóvenes no se salieran de la escuela a media mañana e incluso recién sonado el timbre de entrada.

Cuando me tocaba el turno y descubría a alguno escabulléndose, corría y me ponía frente a él diciéndole, con mucha firmeza pero a la vez serenidad:

—¡Un momento, señor! ¿A dónde se dirige usted? No me lo diga. Pero debo advertirle que para que usted pueda salir por esa puerta, tendrá que empujarme, pues no pienso quitarme de aquí. Si me empuja, eso representaría una ofensa legal que denunciaré y le representará problemas, una citación a corte, junto a sus padres o encargados; si no acude a la misma, la Policía le conducirá con todo y sirenas, esposas y penalización. Me doy cuenta de que usted cree sentirse como un adulto que tiene derecho y plena libertad de tomar sus decisiones y afrontar situaciones serias. Entonces le pregunto: ¿Quiere un verdadero reto? Le desafío a que vuelva a su salón de clase y que se atreva a portarse como una persona que sabe tomar la decisión correcta. Para ningún profesor es fácil venir aquí para servirles a ustedes cada clase. Para usted tampoco ha de ser fácil ser un alumno en este momento, pero es su mejor opción. Ahora bien, si en verdad quiere marcharse, hágalo, pero quiero aquí mañana a sus padres o responsables para reportar que se retira definitivamente y que le deja su lugar a otro estudiante que tal vez está ahora en la calle y sí desea superarse, tener un futuro, luchar por un objetivo. Pienso ahora que no tendrá necesidad de empujarme para salir por esa puerta. Me hago a un lado en este momento, tome su decisión.

A pesar de la mirada desafiante del primer momento, después de aquel discurso, ¡nunca un estudiante siguió su camino a la salida! Unos se tardaron más pensando qué hacer, otros lloraron, otros comenzaron a contarme la violencia en su casa, la falta de trabajo del padre, la soledad de un hogar vacío o la angustia de vivir como hijos adoptivos. Aprendí tanto o más que ellos, pues con cada diálogo, mi discurso anti fugas mejoraba. Lloré con ellos. Sonreí con ellos. Sufrí con ellos".

Otro maestro estadounidense, Mr. Miller nos ayudó a buscar oportunidades de becas, nos animó a llenar solicitudes, nos llevó a evaluaciones, nos recomendaba universidades, sin más interés que el de ver desarrollado el potencial que veía en nosotros.

Finalmente, pero no menos importante, Mr. Rudy Chávez, de ascendencia mexicana, dirigía los clubes de emprendimiento y activismo social. Nos animaba a valorar nuestro origen, nuestros valores, a sentirnos unidos por la identidad latinoamericana sin perder de vista que ahora estábamos frente al reto de vivir, crecer y desarrollarnos en el entorno estadounidense, pero que, precisamente, la gran riqueza de este gran país radica en su diversidad. Gracias a Mr. Chávez tuve la oportunidad de participar en un certamen estatal de oratoria, cuyo primer premio era una beca universitaria donada por una empresa. Escribí un poema que él me ayudó a editar, a mejorar y también a pronunciar con voz fuerte. Para crearlo estudiamos mucho la historia de Estados Unidos y Latinoamérica, analizamos nuestra realidad migrante desde diversas perspectivas. Fue así como un día de pronto me encontré ante un auditorio lleno, con cientos de rostros atentos a lo que yo iba decir en la fase final de aquel certamen.

17

Y JUSTICIA PARA TODOS

Marcos, ¿qué vas a estudiar en la universidad? —me preguntaba Mr. Oviedo.

Marcos, ¿ya pensaste qué vas a estudiar en la universidad? —me preguntaba Mr. Carmona.

Marcos, ¿ya decidiste qué carrera vas a seguir en la universidad? —me preguntaba Mr. Chávez, quien a su vez me ponía de ejemplo al gran César Chávez, el líder que creó la *UFW*—la unión de trabajadores agrícolas que protegía a los campesinos de los abusos de ciertos finqueros. "Tú tienes alma de líder y guía, lo puedo ver y sentir, eso es una gran responsabilidad", me decía el profesor Chávez.

Ignoro si los maestros se ponían de acuerdo, si era una coincidencia, si acaso le preguntaban eso a todos los estudiantes para motivarlos a seguir en la superación. La preparatoria Belmont era un hervidero de nacionalidades, identidades, expectativas, exigencias, aprendizajes, esperanzas. En 1991, cuando yo entré, tuvo una marca histórica de alumnos matriculados: casi 5 mil 500, porque era la única *High School* en el área. En aquella multitud multinacional de jóvenes, yo solo era un muchacho tímido, callado, abochornado por mi uso limitado del español y casi inexistente inglés.

Pero conforme pasaron los meses y los años, me ofrecí una y otra vez para efectuar prácticas de lectura, ofrecía conferencias voluntarias en clase sobre algún tema, no tanto por ganar notoriedad sino para practicar una vez más la pronunciación y vencer el miedo a hablar en público. Perdí el miedo a equivocarme, pues cada error me servía para corregir y mejorar.

Me integré a los clubes escolares de lectura, matemática, ciencias y también en el de activismo social llamado Movimiento Estudiantil Latino (MEL), dirigido por el propio Mr. Chávez, quien estaba convencido de que la identidad latina es un componente infaltable de la identidad estadounidense.

En el Decatlón Académico, que ya comenté, me fue excelente. A mí, que me costaba tanto expresarme en inglés cuando recién llegué a Estados Unidos, me dieron la medalla de bronce en la categoría de *Speech* o Discurso. Aquel reconocimiento me alentaba para creer en mi sueño a pesar de las desventajas económicas.

Ahora bien, las circunstancias eran difíciles y se convirtieron en un verdadero muro en 1994 cuando se aprobó la iniciativa estatal 187, una ley antiinmigrante que vedaba la atención estatal en educación, salud y servicios sociales a toda persona que no tuviera un estatus de residencia legal permanente. En aquel momento yo no era ciudadano ni residente. Solo contaba con un permiso de trabajo otorgado bajo la calificación de asilo político temporal debido a la violencia que originó la huida de mi familia de Guatemala.

Con la 187, aquel asilo era casi equivalente a nada. A lo único que tenía derecho era a no ser expulsado inmediatamente del país y, eventualmente, poder trabajar mientras se resolvía mi estatus definitivo.

Aunque los impulsores de esa propuesta argumentaron que su motivación era cuidar el buen uso de las finanzas estatales, sus opositores denunciaban un trasfondo racista, basado en un discurso de miedo, xenofobia y segregación.

La Propuesta se sometió a referendo durante las elecciones del 8 de noviembre de 1994. Surgió de un congresista estatal, ya fallecido, que hoy nadie recuerda, pero el entonces gobernador Pete Wilson la adoptó como parte de su campaña de reelección que tenía un fuerte tono antiinmigrante.

Quería capitalizar el voto de mucha gente que creía ver una amenaza en los migrantes. Quería aprovecharse del miedo, del prejuicio. Cualquier parecido con la actualidad es pura coincidencia, o pura necedad.

La propuesta 187 fue publicitada bajo el perverso eslogan SOS —*Save Our State*—[36], pues supuestamente su objetivo era evitar y sancionar el "daño" que hacían los migrantes a los habitantes de California. Nos querían culpar de todos los problemas, pero nosotros sólo queríamos trabajar, progresar y aportar a ese gran país. Pete Wilson ganó un segundo término en la gubernatura y también pasó dicha ley con un 59% de votos a favor.

Si alguien solicitaba atención hospitalaria, inscripción escolar o algún tipo de atención para menores o ancianos, pero no tenía la residencia, debía ser denunciado inmediatamente ante Migración para ser expulsado del país.

Yo estaba a un año de salir de *High School* cuando se implantó esa norma terrible, que no solo me afectaba sino también a mis hermanos, de familia, de origen y de condición. Aquella norma cortaba de tajo las oportunidades a miles de personas basada simplemente en estereotipos y falsas generalizaciones.

---

[36] Salvemos nuestro Estado

En aquel momento yo era líder del Movimiento Estudiantil Latino. Bajo la guía del profe Chávez discutimos nuestras propuestas, nos organizamos y salimos a efectuar una manifestación en el centro de Los Ángeles.

—¡Los migrantes no valemos menos por no contar con un documento! —gritábamos.

—¡Hemos venido a Estados Unidos en busca de oportunidad y trabajo, no queremos que nos regalen nada!

—¡Queremos aportar para que este país siga creciendo! —eran algunas de las consignas.

Hicimos grandes mantas que colocamos en el suelo y que fueron captadas desde los helicópteros de los noticieros que reportaron la marcha de cientos de jóvenes. Exigimos igualdad, oportunidad, tolerancia, cero discriminación.

Creo que logramos hacer bastante ruido, aunque el impacto real en las políticas fue escaso, al menos en los primeros dos años.

La injusticia que representaba aquella disposición quedó evidenciada en 1999 cuando una corte federal de Estados Unidos la declaró abiertamente inconstitucional.

La 187 nunca llegó a estar totalmente vigente, pero sí se aplicaron varias de sus restricciones y eso fue como una enorme barda para mis aspiraciones y las de miles de jóvenes, como si fuera otro cruce de la frontera, pero en lugar de kilómetros de desierto fueron semanas de incertidumbre, de temor y de tristeza.

Bajo la vigencia de esa ley, la gobernación del Estado retiró las becas universitarias estatales y los préstamos estudiantiles a quienes no fueran residentes legales. Es decir, a jóvenes migrantes como yo.

Cuando llegó la temporada de concursos escolares, Mr. Oviedo, profesor de español, nos animó a todos a participar en las eliminatorias. Yo quería expresar aquel valor que teníamos los latinoamericanos, quería denunciar discriminación contra los migrantes, gente trabajadora, honrada e inteligente, que a menudo era juzgada a través de estereotipos y generalizaciones manipuladas para fines políticos.

Mr. Chávez me apoyó para efectuar la investigación histórica de las grandes luchas por los derechos humanos en Estados Unidos, sobre todo aquellas contra la segregación de los afroamericanos, encabezadas por héroes como el doctor Martin Luther King Jr.

—¿Qué vas a estudiar en la universidad, Marcos? —preguntó de nuevo Mr. Carmona una mañana.

Le dije que estaba indeciso, que me gustaba Medicina, pero también Derecho o Ciencias Políticas. Sin embargo, al investigar sobre los planes de estudios: descubrí que duraban 7, 8 y hasta 10 años y eso era desanimante. No había forma de que mi familia pudiera pagarme una carrera, ni mantenerme durante tanto tiempo; de hecho, esperaban que yo comenzara a trabajar al salir de la secundaria. Todas eran carreras muy exigentes que hacían impensable trabajar y estudiar.

Mr. Carmona me animaba diciéndome que había becas universitarias en las cuales solo pagaba una pequeña parte de la matrícula. Sin embargo, aquella fracción de cuota era muchísimo mayor que el presupuesto de mi familia para un año. Y para colmo, la infame 187 redujo casi a nada las opciones.

El concurso estudiantil de oratoria se convirtió de pronto en una gran esperanza, si no en la única para mí, porque el gran premio para el ganador era una beca pagada por una empresa patrocinadora que podía completar lo que me faltaba para poder cubrir la matricula de la universidad y estudiar cualquier carrera. Trabajé muchísimo sobre el discurso y practiqué durante horas, no solo por la convicción del tema sino para lograr abrir aquella puerta hacia el futuro.

El discurso sobre la justicia social como la más grande prueba de la libertad de un país me salió del corazón. Todas las miradas se centraron sobre mis palabras y gestos. Me sorprendí al descubrir que no tenía miedo alguno a hablar ante toda aquella gente.

Mencioné a grandes líderes por los derechos de la gente, hablé de la valentía diaria de tantos migrantes y de la necesidad de un horizonte de oportunidades y justicia para todos.

Después de la última palabra hubo un silencio que me aterrorizo. ¿Se van a reír de mí? ¿No les gustó? ¿Dije algo equivocado? De pronto los aplausos abundaron por más de un minuto. Había sonrisas, gestos de asentimiento. Me sentí ganador del concurso.

Mr. Oviedo me felicitó atrás del escenario, creo que también él opinaba que podía ganar el gran premio.

El jurado anunció su veredicto.

—Marcos Andrés Antil: segundo lugar

Mi ilusión salió volando como cuando allá en Santa Eulalia me agazapaba por largo rato para intentar atrapar un pájaro, pero cuando me lanzaba, todos escapaban con zumbido de alas y me dejaban solo aire.

Mr. Oviedo se enfadó y fue a reclamar al jurado. Les dijo que la persona a quien le habían dado el primer lugar no había tenido la misma fuerza, seguridad ni expresividad en las palabras.

Por supuesto que eso no cambió el resultado.

Años después, Mr. Oviedo contó que uno de los jurados, en secreto, le dijo que, en efecto, mi discurso había sido el mejor, merecía el primer lugar, pero que les dio miedo declararlo ganador. En aquel contexto político, premiar aquel mensaje podría entenderse como una postura de los organizadores en abierto desafío a la gobernatura y ellos no querían problemas.

Fue un momento para las grandes esperanzas y también las grandes desilusiones. No importaba el talento que tuvieras porque la realidad se encargaba de exterminar las perspectivas de futuro.

En aquellos últimos meses de *High School* tenía un buen promedio de notas, sabía que tenía un gran valor en mí, que poseía objetivos claros, había maestros que me animaban, había ganado determinación y perseverancia, pero ¿con qué iba a pagar ese futuro si había meses en que a duras penas se lograba cubrir el alquiler de la casa o el recibo de electricidad?

Corría el año de 1995 y la conexión hacia el futuro parecía atada a las crudas limitaciones materiales, justo como les ocurría a los jóvenes de la película *Dangerous Minds*, en la que Michelle Pfeiffer era la maestra que se esforzaba por sacar a sus alumnos adelante, pero las circunstancias eran una ola demasiado grande como para saltar encima de ella.

Creo que eso me hizo creer que estudiar Leyes sería la mejor opción, para poder defender los derechos de los migrantes. Ocho años de estudio. Aún no les decía a mis padres que no iba a trabajar al salir de *High School*, como ellos esperaban.

Mi última opción fue solicitar un préstamo estudiantil estatal para cubrir el pago de matrícula y mensualidades. Llené formularios como loco, yo mismo me llené de nuevas esperanzas y planes, pero el 187 se encargó de borrármelas con unas cuantas palabras:

"Préstamo denegado por estatus migratorio irregular".

18

UN PUENTE POR CONSTRUIR

El principal peligro de sobrevalorarse personalmente es que la falta de perspectiva puede conducir a sentirse víctima de las circunstancias e incluso a encapricharse en un objetivo que, al verse bloqueado, hace detonar la frustración, la desesperación y el resentimiento.

Yo estaba decepcionado al ver prácticamente cerrados todos los caminos hacia un futuro profesional. No era el primero ni el último en afrontar barreras aparentemente invencibles, pero me sentía como si fuera el único.

Mis hermanos Andrés y Leonardo perseveraron abnegadamente en los trabajos de talleres de confección y otros oficios durante años. Tuvieron que posponer sus propios objetivos personales y profesionales, en el afán de sacar adelante a la familia.

En el caso de Andrés, el mayor, su vida dio un giro total desde que tuvo que dejar todo lo que había logrado en Huehuetenango. A los 19 años se había graduado de maestro de educación primaria, una carrera de tres años, pues nuestros padres se esforzaron para pagarle un colegio y una habitación en la cabecera departamental durante todo ese tiempo, con la esperanza de que llegara a obtener una plaza y con ella un ingreso fijo para cuando él formara su propia familia.

La educación le había ampliado las perspectivas a Andrés y él tenía planificado no solo ejercer la profesión de enseñanza sino comenzar una carrera universitaria, probablemente en Ingeniería Civil porque a Andrés le encantan la Matemáticas y la Física Fundamental. Sonaba como algo factible, con todo el esfuerzo que representara trabajar y estudiar, pero repentinamente mi papá le dijo que se marchaba para Estados Unidos, por la situación violenta del país y tiempo después se lo llevaría con él a trabajar. Los planes quedaron rotos, como tantos caminos y puentes destruidos durante la guerra en Guatemala.

Leonardo vivió algo similar: tenía la inteligencia, tenía el objetivo estudiantil, pero la situación familiar lo obligó a sustituirlo por duras horas de labor en los talleres de Estados Unidos. Mi agradecimiento a nuestros dos hermanos mayores es eterno y se los digo cada vez que puedo, porque su sacrificio nos permitió estudiar.

En la cosmovisión maya existe el concepto del tiempo circular que contrasta con la linealidad occidental. Estos círculos con ciclos finales que son nuevos comienzos, episodios que parecen repetirse, pero en realidad se renuevan dentro de ciertos períodos y abren nuevas oportunidades que antes no se veían. En otras palabras, si uno se centra en la autoconmiseración, esto es un veneno que hasta puede saber dulce, pero a fin de cuentas es veneno. Si uno se esfuerza en encontrar la oportunidad que hay en cada adversidad, tarde o temprano halla una puerta abierta a un nuevo ciclo.

Digo esto porque mi padre, al trabajar como contratista, jefe de campo o caporal durante la época de cosecha de café, cardamomo o algodón en diversas fincas de Guatemala, sobre todo en la década de 1970, siempre se perfilaba como un mediador entre los campesinos y los patronos: la gente le tenía confianza por ser oriundo de Huehuetenango— de donde era gran parte de su cuadrilla, por su franqueza, por conocer el idioma y la cultura q'anjob'al.

Los propietarios confiaban en él por ser laborioso, dedicado, responsable y porque hablaba castellano. Les exponía con claridad las necesidades que se daban entre los jornaleros y a estos les motivaba a cumplir bien con sus tareas para salir todos adelante.

Dos décadas después, en Estados Unidos, mis hermanos mayores se convirtieron en grandes mediadores entre la gente y las empresas donde laboraban, debido a que hablaban inglés y español, pero además habían aprendido, si no es que heredado, esa especial forma de conectarse con las personas a través de la conversación sencilla, sincera y a la vez asertiva.

Cuando Leonardo terminó los cursos que tomó en un centro estatal de capacitación técnica y comercial, incluyendo un completo aprendizaje de inglés, se trasladó de la factoría de ropa a otro trabajo, en una compañía de transportes, en donde se hizo cargo de las tareas de logística; era el responsable de muchas personas, entre jefes, subjefes y operarios.

Leo no era el gerente de personal, pero tenía la firmeza y habilidad para exigir un buen rendimiento a los empleados bajo su mando; gracias a lo que aprendió en los años de la maquila, sabía defender los derechos de las personas. Eventualmente los trabajadores lo seleccionaron como su representante ante los patronos.

Cuando llegaba un nuevo manager[37] que intentaba endurecer las condiciones de trabajo solo para exhibir poder o supuestos cambios, a fin de impresionar a sus superiores, Leo le advertía con gran diplomacia: "Los empleados tienen protección por ley y no puedes echar a todos en un

---

[37] Gerente

momento dado. Además, aquí hay gente especializada en ciertas tareas, que no se logra reponer tan fácilmente si la echas. A ti, si no das resultados, sí te pueden echar rápido. Para lograr tus objetivos industriales necesitas de los obreros y ellos me han designado para velar por sus derechos. Ellos, por su parte, necesitan del trabajo para sostener a sus familias, pero un trabajo con dignidad. Así que, si tú me ayudas a cuidar de ellos, yo te ayudaré para que ellos cumplan con las metas. A todos nos conviene que esta empresa siga siendo competitiva".

Durante varios años, Andrés, nuestro hermano mayor, no tuvo oportunidad de ser el maestro que siempre soñó. En lugar del pizarrón, las tizas y las láminas educativas, sus herramientas fueron las rudas máquinas de las fábricas coreanas o chinas de ropa en Los Ángeles.

Eso sí, se volvió muy diestro en ese oficio y aprendió a coser con rapidez y exactitud una camisa, un pantalón o cualquier otro tipo de prenda. En Estados Unidos pensó nuevamente en continuar su sueño de estudiar una carrera universitaria, pero era carísimo.

Además, no quedaba mucho tiempo ni energía después de cada jornada agotadora entre telas, botones, puntadas, calor, vapor, gritos y ruido de máquinas cosedoras que eran verdaderas metralletas de hilo. No obstante, pudo estudiar reparación de computadoras, un oficio técnico, que con el tiempo le llevó a trabajar en el departamento informático del sistema educativo de California: su gran vocación.

En mi caso, después del choque inicial con la rutina, la melancolía y el miedo, comencé a ambientarme a la atmósfera angelina, a sus prolongados atardeceres, a sus helados despertares, a su bullicio motorizado cotidiano y a la fuerte presencia musical mexicana. Descubrí que nadie era naturalmente superior o inferior en la escuela, que era cuestión de trazarse objetivos y que un buen promedio de notas era la evidencia de un esfuerzo efectivo.

Empecé a trabajar como jardinero los fines de semana.

Sony, un vecino nacido en California, me contrató para cuidar sus flores y otras plantas. Aquel contacto con tierra, yerbas, fertilizantes y raíces me traía a la mente lo aprendido durante las épocas de siembra de maíz, frijol y calabazas en el terreno de mi papá en Cocolá Grande.

Claro, ahora los cultivos eran solo ornamentales: rosas, margaritas, gardenias, petunias y girasoles, además de podar la grama, darles forma a los arbustos, cortar ramas secas de árboles y barrer las hojarascas en otoño.

Me volví diestro con las tijeras, los picos de loro, la piocha, el rastrillo y la pala. De vez en cuando me tocaba efectuar otros oficios de casa, como lavar platos y vasos, pero no me importaba, ya que antes de hacer eso, había disfrutado de un almuerzo suculento y abundante.

Sony me dio ese trabajo por aprecio a mis padres. Sabía de nuestra situación difícil y de esa forma me apoyaba. Lo que me pagaba, se lo entregaba a mi mamá. Eventualmente podía comprarme algo en las tiendas: ropa, dulces, videojuegos o botas vaqueras, que me gustaban mucho.

A la mitad del último año de *High School* salí súper bien en las calificaciones. Sony me felicitó. Me anunció que para premiar mi dedicación en el estudio y el trabajo me llevaría de vacaciones el siguiente fin de semana, a la casa de un amigo suyo que vivía en la ciudad de San Francisco.

¡Por primera vez en cuatro años saldría del perímetro de Los Ángeles! Y por fin conocería el famoso puente *Golden Gate*, que hasta entonces sólo había visto en postales y películas.

En aquel viaje también encontraría otro "puente" que nunca había imaginado pero que me conectaría con el futuro.

Para entonces yo tenía 18 años y aquellas serían las primeras vacaciones verdaderas que tomaría en toda mi vida. Lo digo en serio. No recuerdo cómo logré que mis padres me dieran permiso, aunque puede ser porque ya casi tenía la mayoría de edad relativa. Sony era un buen vecino y amigo de años, un integrante honorario de la familia, así que había plena confianza. Él también pidió su autorización para poder llevarme.

Mientras viví en Guatemala, en Santa Eulalia, la palabra "vacaciones" solo significaba dejar de asistir a la escuela en el pueblo para viajar a trabajar a Cocolá Grande. De vacaciones, en el sentido de descanso, tenían muy poco, así que el paseo a San Francisco resultaba una experiencia emocionante, totalmente enigmática, para mí.

Después de cada verano, oía a algunos amigos de la escuela Belmont High, platicar de sus viajes de vacaciones a otros estados, lo divertidos que la pasaron, que conocieron tal parque y la verdad es que yo no les prestaba tanta atención, ya que siempre me mantenía trabajando o tomando clases extra para poder avanzar lo más rápido posible. Era un privilegio estudiar mientras mis padres y hermanos mayores, literalmente, se mataban trabajando por nosotros.

Desperdiciar el tiempo es un pecado y cada día es un regalo que hay que aprovechar al máximo. Esta era una de las enseñanzas que teníamos en la sociedad de jóvenes de la congregación cristiana. Nos inculcaban la constancia como condición para recibir las promesas del trabajo honrado, y que no nos olvidáramos de agradecer a Dios y ayudar a los demás. Nunca había que perder la esperanza y nunca se debía depender de la "suerte".

El viaje de cinco horas hasta San Francisco se hizo corto. Los letreros, las salidas, las intersecciones tenían algo nuevo y distinto por primera vez en muchos años. No me dormí ni un instante y tampoco paraba de conversar. Creo que a muchos nos pasa algo así cuando nos emocionamos. Hablamos sin cesar.

Llegamos a la casa del anfitrión, que se llamaba Jeffrey.

En realidad, no vivía en una casa, sino prácticamente en una mansión, en un barrio exclusivo, silencioso, arbolado, con una entrada enorme y jardines preciosos. Esperamos un momento en aquel agradable espacio frente a la casa. Jeffrey llegó al poco rato en un fantástico auto deportivo que parecía recién salido de una revista o de una película.

Era igualito a Kitt, el vehículo de la serie *El Auto Fantástico*[38] y del mismo color. ¿Este amigo Jeffrey será una estrella de cine?, me pregunté.

Nos saludó muy cordialmente y yo no atiné sino a decirle que lo felicitaba por vivir en un lugar tan hermoso… y por conducir un auto tan lindo.

Él y su esposa, Susan, sonrieron.

Los días siguientes fueron como un sueño con todo y música tecno de fondo, llenos de vivencias nuevas. Se expandió mi visión acerca de lo enorme y poderoso que era el universo californiano y la fuerza de su economía.

Jeffrey y Susan nos pasearon por varios lugares emblemáticos. Por supuesto que pude ir al colosal puente *Golden Gate* y admirarlo desde varios ángulos, pero hubo muchos otros puntos interesantes.

Susan, especialmente, se portó muy gentil con mi persona. Me preguntó sobre mi país, mi aldea, mi familia. Yo le conté de la guerra, de las dificultades que vivimos, de mi travesía migrante y de lo mucho que me esforzaba por llegar a ser un profesional para ayudar a mis padres.

Creo que Sony les había contado que en Los Ángeles yo comía tortillas de maíz y no pan que era el acompañamiento habitual en la casa de ellos. Me sorprendió que Susan tuviera listas tortillas de maíz, para que yo comiera bien y me sintiera a gusto. ¿Qué más puedo decir? Simplemente se trataba de personas fenomenales, generosas.

---

[38] En inglés, la serie se llamó *Knight Rider*. El auto de Jeffrey era un *Pontiac Trans Am*. Tenía incluso los controles del radio en el volante, lo cual, para entonces, era una novedad.

Aunque Susan era una dama de unos 50 años, se animó a subir a la montaña rusa de un parque de diversiones, tan solo por acompañarme. De más está decir que jamás en mi vida me había subido a un tobogán tan grande. Nunca había tenido esa vivencia rauda, acelerada, ingrávida, aterradora e inmensamente alegre a la vez. No me asusté para nada. Bueno... un poquito.

Con tal de verme feliz y no perderme de vista, ella también se subió. En el fin de semana me brindó un *tour* completo. Gestos sencillos pero significativos como los que ella tuvo en esa ocasión dejan una honda huella de gratitud.

Mientras estuvimos en San Francisco no nos hospedamos en un hotel sino en la casa de Jeffrey, donde todo fue motivo de asombro para este joven que nunca antes había tenido vacaciones reales.

Me impresionó entrar a su estudio y ver un montón de monitores de computadora de 21 pulgadas, que eran gigantes para aquel entonces, con letras naranjas, verdes o en blanco y negro; teclados por todas partes, piezas desarmadas de máquinas. Sólo había visto tantas juntas en el laboratorio de la escuela. Además, tenía cajas de diversos tipos de *software* como *Word Perfect*, *Lotus 123* y otros, que en ese momento eran los programas de oficina más utilizados. Cables por todas partes y un entorno *hi-tech* noventero me causaron una enorme sorpresa, pero sobre todo curiosidad. Era como estar en el portal de un universo futurista, casi de ficción.

Al husmear por allí descubrí, en su escritorio, un pequeño papel que resultó ser un cheque emitido a nombre de Jeffrey. No pude evitar ver la cantidad: ¡30 mil dólares! Eran 1, 2, 3, 4 ceros. Los conté muy bien.

¿30 mil?

Aquello resultaba ser una cifra astronómica, inimaginable y tremendamente distante del presupuesto limitado que se manejaba en mi casa, donde difícilmente nos alcanzaba para cubrir los 1,800 a 2 mil dólares que se requerían mes a mes para pagar la renta del apartamento, los gastos de gas, electricidad, agua, teléfono, comida, transporte. Imaginé cuantas rentas podía pagar con esa enorme cantidad y sobre todo, cuantas veces podía evitar esas discusiones de fin de mes que mi mamá y papá tenían por los gastos de la casa.

Con la clásica duda impulsiva y a la vez con esa sinceridad atrevida que solo tiene uno cuando es joven, le pregunté a Jeffrey si aquel cheque era auténtico.

—¡Por supuesto que es verdadero!

—¿Es tu pago por el trabajo de todo un año? —le pregunté.

Jeffrey se rio, me explicó que aquel era el pago por un proyecto de red informática que había desarrollado en un mes y que iba a integrar, por *Internet*, las operaciones de las oficinas de una compañía en tres países.

¡US$30 mil en un mes!, volví a pensar, entre admirado e incrédulo.

Y claro, después venía la siguiente pregunta.

—¿Y cuál es tu profesión? —le pregunté, intrigado.

— Soy programador de computadoras.

—¿Qué es eso?

—Básicamente me dedico a crear códigos, que son lenguajes que trazan instrucciones para que las computadoras ejecuten tareas. En otras palabras, les escribo un idioma a las computadoras y les enseño a "hablarlo", con comandos, símbolos, códigos, números. Mira. Todas estas líneas de código son las que comandan a las computadoras a hacer "algo"…

—¿Y qué carrera estudiaste para poder hacer eso?

—Ciencias de la Computación.

—¿Y en cuántos años lograste el doctorado?

Pregunté eso porque simplemente no podía imaginar que alguien ganara toda esa fortuna sin tener un PhD[39] o sin ser egresado con varias especialidades.

— No, no tengo un doctorado.

"Entonces ¿en cuánto tiempo logró obtener su maestría?", me pregunté, porque pensé que como mínimo debía tener ese grado académico para poder desarrollar aquel "idioma".

—No, tampoco tengo una maestría —dijo con una sonrisa.

—¿Y entonces, qué grado tienes?

Me explicó que había cursado una carrera de cuatro años, en un nivel denominado grado en Ciencias de la Computación, durante el cual se aprendían los fundamentos de informática, los lenguajes principales que se habían desarrollado hasta el momento y a partir de allí se podía usarlos o crear nuevos, según los objetivos que se pretendiera: automatizar funciones, procesar datos, clasificar archivos o generar videojuegos, por ejemplo. La gran ventaja es que todavía había mucho por crear, pero no se metía tanta gente a estudiarlo porque demandaba mucha matemática.

—Es por eso por lo que pagan bien. Porque cada vez más se necesita la automatización, las computadoras tienen cada vez más interacción con la gente, por eso es preciso que funcionen con más eficiencia, rapidez, exactitud. Además, está creciendo la *Internet* y se necesitan requieren cada vez más funciones y páginas que se conecten en línea —me explicó Jeffrey.

En ese instante, sin importar los detalles de lo que conllevaba sacar la carrera de *Computer Science*, decidí de que iba estudiar esa carrera.

Cabe mencionar que en 1995 la *Internet* aún era bastante incipiente, si bien ya tenía unos 25 millones de usuarios en Estados Unidos. Recuerden ustedes que nació como un proyecto de Defensa, después comenzó a

---

[39] Doctorado

conectar a las universidades; luego vinieron las páginas de empresas y personas. Cada vez tenía más auge porque se veía su potencial como medio de comunicación, vehículo comercial y traslado de datos en un contexto de globalización.

Yo estaba absorto, porque nunca había pensado en la *Internet*, ni siquiera en la computación como un posible campo de desarrollo profesional para mí. Entonces, se me abrió un puente que hasta entonces no existía. Aunque no sabía hasta dónde llegaba, en los siguientes días, pasadas las vacaciones le di *delete*[40] a las ideas de la Política o el Derecho para enfocarme en buscar la oportunidad en las ciencias de la computación y así ayudar a mi familia en poco tiempo.

Había usado las computadoras para tareas de la escuela, pero no sabía lo que existía detrás de su operación. Era tan obvio, pero no me di cuenta hasta entonces: ¡Alguien tenía que hacerlas funcionar! Eventualmente hacía uso de alguno de los buscadores de información de aquel entonces —y que hoy no existen— como *AOL* o *Webcrawler*, u otro tipo de sitios, pero no había caído en la cuenta del potencial laboral detrás de ellos.

Si esto fuera una película, aquel instante habría sido como el momento de la gran revelación, con un fondo de música coral y una luz proyectada sobre mí con una intensidad creciente, justo en el instante en que viene una secuencia rápida de varias semanas y meses de inscripción, clases, estudio, con música rítmica de acción perfectamente editada al compás de las escenas en las que me veo relajado y feliz pasando páginas y respondiendo preguntas a solicitud del profesor, en un aula universitaria llena donde nadie parece entender nada, excepto yo, un inteligente joven que absorbe el aprendizaje. Toda una vida resuelta en un abrir y cerrar de ojos fue lo que imaginé repentinamente.

---

[40] Borrar

Pero la realidad no fue así.

Sobre todo, porque, según mis padres, en cuanto yo saliera de *High School* podría empezar a trabajar para contribuir de una mejor manera a los gastos de la casa, en donde la realidad financiera seguía adversa.

Mis oídos se abrieron a los consejos de los profesores, que me reiteraban el "potencial" universitario que veían en mí. Al principio esas palabras no pasaban de ser, frases motivadoras, elogios amables o como decimos en Guatemala: "pura casaca".

Luego vino la revelación que tuve durante las vacaciones de San Francisco y la conversación con Jeffrey. Mi horizonte cambió y se amplió. Mi expectativa se aclaró: Estudiaría *Computer Sciences* en la Universidad. Punto.

"¿Cómo se los digo a mis padres?", fue la pregunta que me agobió durante varios días. Dudé.

No fue fácil saltarme aquella decisión o expectativa que ellos tenían asumida respecto de mí, pues yo los respetaba mucho y conocía de sobra las necesidades por las cuales pasaba nuestro hogar. Sufríamos las carencias o a cada fin de mes las oíamos, cuando la misma tensión de las deudas detonaba discusiones entre mi mamá y mi papá: se había gastado más en electricidad, había aumentado la factura del gas, se había comprado más leche, más frutas, más tortillas.

Como usualmente suele decir la gente migrante en EE. UU.: Se gana en dólares, pero también se gasta en dólares. A veces había semanas de baja producción en las fábricas, por lo cual les asignaban menos horas de trabajo: menos horas pagadas. Se necesitaba que "alguien" echara una mano extra.

Me pregunté si acaso no estaba cerrando el corazón ante tanta necesidad, si no los estaba dejando solos cuando más me necesitaban, si acaso mi obligación no era simplemente trabajar porque ya tenía la edad para hacerlo.

Pero dejé por un instante la angustia del momento y salté a 4 o 5 años en el futuro: Si con un grado de *High School* ya tenía posibilidades de un mejor salario, ¡cuánto más las tendría con un nivel universitario! Rápidamente encontraría un trabajo que me permitiría no solo pagar parte de la comida o la renta, sino toda la comida, toda la renta, todos los gastos.

Con esa visión, con esa meta, con ese compromiso, asumí la responsabilidad y el pesar de desobedecerlos. Pedí perdón a Dios por hacerlo. Comencé por contarles a Andrés y a Leonardo los planes que yo tenía. Ellos me felicitaron y me dijeron que estaban trabajando para el sustento de la casa; me animaron a que siguiera la universidad y que llegara lejos. ¡Gracias, Padre Dios, por esos hermanos tan buenos!

Eso me dio valor para hablar con mis padres. Les dije que quería ir a la universidad para estudiar programación, que estaba buscando una beca y que por eso no podrían contar conmigo para trabajar después de la graduación. Casi de rodillas les aseguré que valdría la pena.

Sin embargo, para decirlo con un poco de humor, creo que este programa no "corrió" muy bien en ellos. En sus rostros serios vi extrañeza y preocupación. Decepción en los ojos de mi mamá; enojo en los de mi papá. No eran malos padres, simplemente esperaban ayuda para soportar la enorme carga que tenían.

Su silencio sonó muy fuerte.

19

MIGRANTE, A MUCHA HONRA

"La razón principal por la cual los inmigrantes llegan a Estados Unidos, particularmente al estado de California, es por necesidades económicas. Definitivamente, van en busca de una vida mejor. Algunos quieren escapar de guerras o violaciones de los derechos humanos que azotan a su país natal.

Por lo tanto, cuando llegan al estado de California, toman cualquier tipo de trabajo que esté disponible. Algunos ejemplos de estos empleos son la limpieza de calles, confección de ropa, recolección de frutas, lavado de platos, limpieza de casas y cuidado de bebés. Por si fuera poco, los inmigrantes que realizan estos trabajos obtienen los salarios más bajos posibles.

Muchos de éstos posiblemente dejaron en su país mejores trabajos y mejores salarios; algunos de ellos pueden haber sido personas distinguidas, pero por alguna razón ya no pueden trabajar allí y se ven obligados a migrar.

Por lo tanto, cuando llegan a Estados Unidos, toman cualquier trabajo; hacen su aporte realizando trabajos que nadie quiere hacer.

Ejemplos de la contribución de los inmigrantes pueden hallarse fácilmente.

Uno de ellos es mi padre que trabaja en una maquila de ropa, donde recibe el salario mínimo de $4.25 por hora, sin considerar cuán horrible es la tarea. Muchas veces ha llegado a casa con los dedos ensangrentados, pues se los ha atravesado accidentalmente la aguja de la máquina; no cuenta con ningún seguro ni programa de protección de la empresa para la que trabaja. En consecuencia, mi padre tiene que pagar su curación. Además, cuando termina de coser un lote de pantalones o camisas en alguna factoría, se termina el contrato y debe ir a conseguir otro trabajo en otra factoría. A veces tiene un empleo por uno o dos días, pero luego pasa a otros sin poder generar un ingreso.

Los inmigrantes deben encontrar su propia forma de subsistir si quieren vivir.

Peor aún, mi tío Bernabé vive en Escondido, California, trabajando en una plantación agrícola. Él tiene que trabajar bajo el ardiente sol y soportar un enorme desgaste físico para ganar algo de dinero. Él también devenga el salario mínimo de $4.25 por hora, pero los recién llegados obtienen salarios aún más bajos.

Otro ejemplo de estos trabajos que nadie más toma son las personas que trabajan lavando los platos en casi todos los restaurantes de California, especialmente en el condado de Los Ángeles. Las personas que limpian las calles son inmigrantes provenientes de todo el mundo. Si quieren vivir, no tienen otra opción que trabajar. En consecuencia, los inmigrantes contribuyen no solo a la limpieza de California, sino también al estado económico.

Si los inmigrantes no trabajan en las factorías de ropa, ¿quién haría este trabajo?

Si no hay inmigrantes recogiendo frutas o cuidando las verduras que compramos en los mercados, que es uno de los principales productos de California, ¿quién los elegiría? ¿Quién se ocuparía de esas verduras?

Si no hubiese migrantes que laven en las cocinas, ¿quién limpiaría los platos que quedan en los restaurantes? ¿Quién más haría los trabajos que nadie quiere hacer si no fueran los migrantes?

Si nadie hiciera estos trabajos con esos sueldos y en esas condiciones, estas compañías desaparecerían, porque dependen de los inmigrantes. Además, ellos contribuyen a que crezcan muchas grandes empresas. Por ejemplo, el 27% del crecimiento de *Disneyland Company* de Los Ángeles depende de los inmigrantes. Este es un hecho escuchado en las noticias casi todos los días. En conclusión, no habría ninguna duda de que los migrantes son esenciales para el estado de California. De hecho, California tiene una mejor imagen debido a la variedad de personas que vienen de todas partes del mundo".

Con este ensayo participé en un concurso estudiantil, en 1995, patrocinado por la *United Automobile Workers*, un sindicato muy importante de trabajadores de fábricas automotrices. Mi gran sorpresa fue que gané el certamen, que tenía como premio un viaje a Washington D.C. y un US *Savings Bond*[41] de mil dólares, pero para tener acceso a ese valor debía mantenerlo ahorrado un año y a mí me urgía el dinero, así que lo cobré de una vez y me dieron 500 dólares. Aun así fue providencial porque me demostró que, en efecto, podía ganar dinero "con el pensamiento", con tareas intelectuales y que debía seguir aprendiendo.

---

[41] Bono de ahorro del Departamento del Tesoro de Estados Unidos

El viaje a la capital del país fue increíble. Me acompañó mi hermano Andrés, porque yo aún era menor de edad. Nos dieron un tour completo por todas las atracciones de la capital de la nación: la "Aguja", los memoriales a los combatientes, el monumento a Abraham Lincoln, el Capitolio y por supuesto, la Casa Blanca. Además asistimos como invitados especiales a la convención nacional de la UAW.

Mi promedio de toda la secundaria rondaba el 3.7 muy cercano al "perfecto" 4[42]. Precisamente por ello los maestros insistían en que no me desanimara, que había opciones, que buscara una beca. De hecho, mi sueño era conseguirla en prestigiosas universidades californianas como Stanford, Berkeley o UCLA[43]. Y dado que las mismas no cubrían todos los gastos, también había que recurrir a créditos educativos estatales. Desgraciadamente, a causa de la ley 187, estos beneficios quedaron fuera del alcance de miles de jóvenes migrantes, sin importar su potencial, promedio o su historial.

Fue una época lamentable que no debería volver a repetirse porque al final, Estados Unidos fue el que perdió ese talento, un potencial que llegó gratuitamente hasta su suelo. No es que yo me considerara un genio. Tuve compañeros brillantes, con promedio impecable de 4 puntos, que padecieron la misma exclusión.

Busqué y llené solicitudes de becas y créditos estudiantiles en varias universidades de California. Agregué cartas de recomendación de profesores, así como constancias de buena conducta o de premios que había ganado. Las denegatorias fueron corteses, breves y lapidarias.

---

[42] En el sistema educativo estadounidense, la nomenclatura de calificaciones es por letras y equivale aproximadamente así: A: 90 a 100 puntos, B: 80 a 89; C:70 a 79; D:60 a 69. A partir de esas mismas proporciones, A,B,C y D, corresponden a los número 4, 3, 2 y 1. Menos de 1 o de 59 para bajo: F

[43] Universidad de California en Los Angeles, que al igual que las otras dos mencionadas, figuran dentro de las 25 mejor calificadas de Estados Unidos.

Mr. Miller, el profesor que se tomó la tarea de buscar oportunidades para un grupo de cuatro estudiantes centroamericanos, no se cansó de insistir ante diversas instituciones para que nos evaluaran y se nos abriera una rendija de luz.

—¡Ustedes van a ir a la universidad! —nos aseguraba una y otra vez.

Contrariamente, otro profesor —cuyo nombre he olvidado—, quien fungía como consejero de la Belmont *High School,* lejos de animarnos a metas altas, nos repetía que la universidad no era para nosotros, que no gastáramos esfuerzos en vano porque éramos migrantes y que mejor nos resignáramos a ir a un *"community college"* en donde podíamos estudiar un bachillerato técnico o un oficio en dos años.

Esto enfadaba a Mr. Miller, quien nos repetía que podíamos lograr más y nos pedía enfocarnos en un solo objetivo: entrar en la carrera universitaria que deseábamos. Hizo llamadas, habló con gente, propuso nuestros perfiles académicos.

—¡Ustedes van a ir a la universidad! —nos repetía.

Su tenacidad fue tal que un buen día nos dijo que por fin había oportunidad de que nos examinaran en la Universidad Estatal de Bakersfield, a 200 kilómetros al norte de Los Ángeles.

Fueron varias las citas a las que tuvimos que asistir. Cuando nos programaban entrevistas o exámenes, Mr. Miller rentaba una minivan y nos llevaba a cinco compañeros centroamericanos hasta esa ciudad, que se encontraba prácticamente en medio del desierto. No tenía obligación alguna de hacerlo. Era un gesto de nobleza y generosidad,

Había un calor tremendo, el nombre de Bakersfield University no sonaba mucho, nadie la conocía entonces, era un viaje largo, pero no importaba. Estábamos emocionados. Era curioso porque después de largos tramos de arena y arbustos secos, su campus era como un oasis, repleto de flores y árboles verdes.

Nos asignaron una evaluadora que resultó ser de origen salvadoreño. Hubo una conexión instantánea. Examinó nuestras aptitudes, revisó nuestro perfil de estudios. Había muchos requisitos, muchas solicitudes de todo el Estado, mucha papelería por reunir y pocos lugares, pero ella nos dijo:

—No sé cómo le vamos a hacer, pero ustedes entrarán a esta universidad. No les ofrezco pagos de renta o reembolso de gastos personales, pero tendrán libros y colegiaturas que es lo principal.

Nunca se me va a olvidar la sonrisa de Mr. Miller, con su cabello bien peinado y mirada bondadosa, al salir cada vez más esperanzados de aquellas entrevistas y partir de vuelta a Los Ángeles, ascendiendo por la autopista I-99.

La ilusión era tanta que no me importaba tener que mudarme solo a Bakersfield. No tenía ni la menor idea de cómo iba a pagar por el apartamento que necesitaba para vivir, qué iba a comer o si podría transportarme fácilmente a la universidad. La esperanza me ganaba y si algunas dificultades se habían resuelto, ¿por qué no las nuevas?

Lo único que ensombrecía mi entusiasmo era la decepción de mis padres al ver que, en efecto, no iba a trabajar ni a generar un ingreso inmediato para el hogar en los próximos meses y años.

No es que ellos tuvieran mala intención; para nada. Simplemente ellos creían que la mejor opción para mí era comenzar a ganar dinero. Aún no contaba con su bendición para emprender esta nueva aventura, lo cual significaba un dolor enorme para mí, pues en la visión q'anjob'al, la venia de los padres es fundamental en todo emprendimiento. Es probable que tuvieran miedo de que yo sufriera un desencanto, pues simplemente en mi familia nunca nadie había ido a la universidad y menos en Estados Unidos.

Las últimas semanas de *High School* pasaron raudas, vinieron exámenes, últimos punteos que se mantuvieron en el rango de un buen promedio, aunque   nada me aseguraba que fuera a triunfar en la universidad. De hecho, ni siquiera me habían admitido aún en alguna.

¿Acaso no tendrían razón y me estaba precipitando en mi optimismo?

¿Debía resignarme a los hechos que marcaban mi realidad?

20

INSTANTES PERFECTOS

"Después de haberse sometido a las evaluaciones requeridas, usted ha sido seleccionado para ser admitido dentro del programa de becas en la Universidad Estatal de California en Bakersfield (CSUB)[44]".

Las letras estaban allí frente a mis ojos. Las leía una y otra vez. Simplemente no lo podía creer.

—¡Me dieron la beca!, repetía con saltos de alegría por la casa.

La carta advertía que el beneficio sólo cubría los pagos de estudios y los libros. Alimentación, alojamiento y otros gastos personales no están cubiertos.

¡No importa! Ya veremos cómo hago con eso. Para empezar, tengo los 500 dólares del concurso de ensayo. Realmente eran mil dólares, si los mantenía en una cuenta de banco por un año. Si retiraba el dinero de inmediato eran 500.

---

[44] Siglas en inglés equivalentes a California State University Bakersfield

Buscaré un trabajo, comeré poco, compartiré un apartamento, estudiaré con todas mis fuerzas para tener las mejores notas y mantener la beca. ¡Gracias a Dios!… ¡Gracias a Mr. Miller! ¡Gracias a mis hermanos!… ¡Gracias a mis padres!…

Recordé que ellos no me habían dado su aprobación sobre mis objetivos universitarios. No quería ser una decepción para ellos y en mi cabeza hacía mucho ruido el hecho de que tendría que marcharme a estudiar a otra ciudad, a trabajar en lo que fuera para sobrevivir y no para aportar a los gastos de mi familia.

Andrés y Leonardo me felicitaron; también mis hermanas.

En la *High School*, Mr. Miller me dijo que tenía un camino abierto para triunfar, que no sería fácil pero que tenía todo de mi parte: inteligencia, voluntad, buenas calificaciones. Mr. Carmona me felicitó por haber perseverado. Me auguró éxitos en la carrera de *Computer Sciences* y me aconsejó que nunca me olvidara de mis raíces, de mi cultura.

Pasaron unos cuantos días. Me concentré en estudiar para los exámenes finales. Pasé encerrado la mayor parte del tiempo en la habitación que compartía con mis hermanos. Había un extraño silencio. Papá Marcos y Mamá Lucín abrieron la puerta y entraron. Me dijeron que querían hablar muy seriamente conmigo, que necesitaban pedirme algo. Su expresión era adusta. Como una mezcla de tristeza y resignación. Nunca los había visto así, hasta aquel día en que les dije que quería seguir en la universidad.

Supuse que otra vez buscarían convencerme de obtener empleo a tiempo completo como la mejor opción para la familia y para mí mismo. Empecé a preparar de antemano mis razonamientos para responderles. Pero lo que vino a continuación me sorprendió.

Habló mi papá, en q'anjob'al y dijo lo siguiente:

—"Marcos, tú eres nuestro hijo y te amamos. Solo queremos decirte, tu mamá y yo, que no solo te damos permiso de que vayas a estudiar, sino que nos sentimos muy orgullosos de que hayas tomado esta decisión. Eres la primera persona en nuestra familia que irá a la universidad. Por eso queremos pedirte una sola cosa a cambio: que triunfes, que siempre luches y que nunca te rindas. Tu mamá y yo te damos nuestra bendición, en nombre de nuestros padres, abuelos y ancestros".

Lloré mientras los abrazaba.

—¡Gracias, gracias, gracias, por todos sus trabajos, luchas, esfuerzos, paciencia! No los voy a decepcionar. ¡Gracias!

Tener su aprobación fue un alivio, pero contar con la bendición de ambos aquella noche fue un momento cumbre en mi vida porque es un regalo sagrado, algo que nos sobrepasa como personas, algo que viene de tantas generaciones y que encierra un hondo significado.

Mamá no habló mucho, solo asentía a lo que decía papá y lloraba de emoción mientras sonreía. Su mirada me llenó el corazón. No tuvo que decir nada, pero irradiaba tanto amor y me dio tanta fuerza para poder enfrentar los desafíos que estaban por llegar en este siguiente paso de mi vida.

Los desvelos y encierros durante los fines de semana tuvieron su fruto con excelentes notas para graduarme en la *Class of 1995* de Belmont High. Increíblemente habían pasado casi cinco años.

El día de la graduación correspondió a todo el imaginario feliz de las películas: togas, decoraciones, grupos tomándose fotografías, familias orgullosas, pero tenía un agregado: era real, éramos los jóvenes compañeros de tantas penas, dificultades y adversidades migrantes que ahora sonreíamos. Los discursos de las autoridades escolares se fueron sucediendo.

Euforia, birretes al cielo, sonrisas, abrazos de mis padres y seres queridos, una agradable mañana de transición hacia una nueva vida. Lágrimas de despedida. Nos esperaba un camino nuevo y desconocido.

Mi mamá estaba radiante, mi papá lucía su sombrero de los días especiales. Yo era su primer hijo graduado de secundaria en Estados Unidos, pero no lo conseguí solo: aquel era un triunfo de familia. Mis hermanos me abrazaban.

Pronto tendría que marcharme a 200 kilómetros. Los días se aceleraron entre trámites y preparativos en Bakersfield. A través de anuncios del periódico conseguí, junto a otros 5 estudiantes que fueron admitidos en la CSUB, una casa con suficientes habitaciones para compartir y por un costo cercano a los 200 dólares por persona.

Llevaba ya programados en la mente todos mis objetivos: encontrar pronto un trabajo, comenzar a leer sobre las primeras cinco asignaturas del semestre, mantener el ritmo de éxito en calificaciones.

Llegó el fin de semana previo al comienzo de clases y con él la mudanza. Realmente no llevaba muchas cosas, una maleta de ropa, cuadernos, algunos libros. Para mi sorpresa, toda la familia se organizó para ir a dejarme. Mis padres y hermanos estaban emocionados. Aquella habitación lejos de casa sería mi hogar. Mamá abundó en consejos. Papá me recomendó buen comportamiento y siempre mucho respeto. Creo que no querían decir adiós. Yo tampoco.

Mientras se marchaban de vuelta a Los Ángeles, aquel sol oblicuo de la tarde pintaba de dorado los árboles, los transeúntes, las aceras. Entre las nubes se colaba el resplandor que parecía la sonrisa benévola de Dios. Es uno de esos instantes perfectos, serenamente felices y brillantemente fugaces que uno desea que no terminen nunca.

21

SIEMPRE ES POSIBLE REPROGRAMARSE

Existe una antigua fábula de una lechera que mientras caminaba desde la granja hasta el pueblo empezó a imaginar que vendería muy rápido la leche que llevaba en un cántaro de barro; con ese dinero compraría una gallina; la gallina pondría huevos y al crecer todos los pollitos tendría más gallinas ponedoras y otras para vender. Con ese dinero, en pocos meses podría comprar un cerdo, lo pondría a engordar y cuando lo vendiera compraría otra vaca que le permitiría producir el doble de leche y el doble de gallinas y el doble de cerdos. Aquel futuro prometedor le emocionó tanto que despegó los pies del camino, se tropezó con la raíz de un árbol, botó el cántaro, éste se hizo pedazos y se derramó la leche. Ni gallina, ni pollos, ni cerdo ni otra vaca.

Es una fábula que podría parecer bastante pasada de moda y hasta un poco absurda, pero exactamente eso fue lo que me ocurrió.

Bakersfield era un jardín creado a medio desierto. Para llegar era necesario transitar largos tramos de lomas y llanuras áridas. Conforme se avanzaba sobre la autopista, el calor se acentuaba. De pronto empezaban a verse las palmeras, los setos de flores y la grama verde a fuerza de riego artificial. Aún así, el calor podía llegar a sobrepasar los 100 grados *Fahrenheit* —40 centígrados— en el verano.

Al día siguiente de establecerme en la habitación de la vivienda compartida, fui a buscar un trabajo.

Abundaban los letreros de *"Help wanted"* en bares y restaurantes, que indicaban la disponibilidad de un empleo como mesero. Entré en uno de ellos, que tenía muy buena apariencia. Me entrevistó el encargado. Mis respuestas le parecieron correctas. Me indicó el horario de trabajo y estuve de acuerdo. Solo hacía falta hacer una prueba final.

Aún no sé si lo que vino a continuación fue por mi complexión física, el nerviosismo o algún tipo de fallo psicomotor. Posiblemente me quedó alguna secuela de aquella caída que sufrí en Santa Eulalia cuando me disloqué el brazo y me llevaron con el sobador de huesos. En efecto, él me regresó el hueso a su lugar, pero a la fecha siento que este brazo no tiene la misma fuerza que el otro.

La prueba del restaurante consistía en levantar y transportar un azafate lleno de vasos, copas y platos hasta una de las mesas. No le vi gran dificultad al ejercicio. Cuando levanté aquella carga, comencé a temblar incontrolablemente. Logré equilibrarla con mi hombro y la otra mano, aunque la vajilla tintineaba peligrosamente. A duras penas conseguí llevar todo hasta la mesa indicada, otros meseros me ayudaron a bajarlo. De lo contrario creo que pudo haber ocurrido un estruendoso desastre que ningún capitán de restaurante desea. Así que sencillamente me dijeron que no servía para mesero.

Pero esa frustración de la búsqueda del primer trabajo no fue nada comparada con el siguiente "cántaro roto": Llegaron los primeros días de clases. Arranqué con alta motivación el objetivo claro de poder egresar con un grado de programación, con excelentes notas, para poder conseguir un trabajo con el cual podría sostener a mi familia, además de comprarme un auto deportivo de color amarillo para que llamara la atención a donde fuera.

Pensaba en eso mientras caminaba desde el conjunto de apartamentos estudiantiles hasta el campus. Era un tramo de 45 minutos, pero pude experimentar el sofocante calor de la región en los primeros diez. Anhelaba poder sentir el aire acondicionado de los edificios académicos, pero sobre todo emprender aquel camino de cátedras, exámenes bien ganados y felicitaciones de los profesores.

El bullicio del campus me entusiasmó aún más. Era una multitud de estudiantes, incluso de otros estados que llegaban para emprender o retomar sus carreras.

Entré al salón, con mi cuaderno y bolígrafos listos para comenzar a tomar notas, atender la explicación, grabar y aprender. El profesor comenzó puntualmente la clase de Programación.

Finalmente estaba ante el majestuoso puente hacia la gran oportunidad. Me concentré al máximo. Varios esquemas empezaron a surgir sobre el pizarrón del aula y con ellos una multiplicidad de términos.

Mis ilusiones tintinearon como las copas del azafate; mis expectativas salieron volando como pájaros asustados. No entendí absolutamente nada de lo expuesto por el profesor. De principio a fin. Nada.

—Tal vez conforme avancen los días y escuche más explicaciones, supuse.

Supuse mal. En otros cursos pude avanzar, pero en Programación, que era el alma de la carrera, perdí estrepitosamente los primeros exámenes cortos.

No entendía nada de aquella materia. Para empezar, yo nunca había podido tener una computadora en casa. Utilizaba los laboratorios de la escuela cuando había oportunidad, pero nunca tuve una máquina propia para experimentar y la programación requería estar familiarizado con los códigos básicos. Por otra parte, aquí no había que memorizar tanto sino al contrario, deducir respuestas, buscar otros resultados distintos, "ordenar" al procesador que efectuará automática y exactamente determinada función u operación.

El trimestre avanzó. Tuve que reconocer mi escaso aprendizaje y llegó el momento en que tomé una decisión dolorosa: suspendí la clase para no reprobarla, pues ello podía poner en peligro el promedio de mis calificaciones y con ello podría perder la beca. En las otras materias me iba muy bien. Me cuestioné seriamente si había tomado la decisión correcta al elegir esta carrera. Casi todos los compañeros que comenzaron conmigo y otros dos que conocía en mi grupo de amigos de habitación, se salieron de *Computer Sciences* y buscaron otras opciones.

Afuera del campus, tampoco era fácil sobrevivir. Los 500 dólares del premio volaron antes del primer mes. Pude conseguir un empleo de tiempo completo, ocho horas diarias, por el salario mínimo, con lo cual lograba pagar apenas lo básico: habitación, transporte y comida. En varias ocasiones, para ahorrar dinero, me compraba una hamburguesa de *99¢ Whopper*, que costaba como su nombre lo decía, 99 centavos, menos de un dólar con todo impuesto incluido y la dividía en tres partes que me servían de desayuno, almuerzo y cena. En otras ocasiones, la comida del día era una sopa instantánea de fideos de 99 centavos que devoraba con ansias y a la vez con el deseo de que no se terminara muy pronto. A veces cenaba en alguna reunión de estudio en el apartamento del amigo de un amigo, o aprovechaba a comer *sandwichs* o *snacks* en alguna actividad universitaria.

Mi empleo era de digitador de datos de personas en una organización humanitaria no lucrativa que llamaba C.A.S.A. (*Court Appointed Special Advocates*), dedicada a velar por niños que eran víctimas de violencia, maltrato, abandono, abuso, causas por las cuales eran retirados de la custodia de los padres y asignados a hogares adoptivos, procesos que eran monitoreados muy de cerca por esta organización.

En ella había abogados, psicólogos, trabajadores sociales y voluntarios que acudían a las audiencias en las cortes o a todas las fases del trámite de sus casos asignados con el fin mayor de proteger el futuro de cada niño o niña en riesgo.

Mi trabajo consistía en llenar formularios con datos de personas que llegaban en busca de ayuda. También me tocaba transcribir y archivar informes hechos por los delegados. Todos los casos eran dolorosos, verdaderos dramas de desintegración familiar, peleas entre hermanos, niños detenidos por estar vinculados con pandillas, padres alcohólicos o adictos a la cocaína, adolescentes acusados de robo u otros delitos.

Mi situación no era tan grave como la de tantos muchachos que vivían estas situaciones, pero yo poseía mis propias dificultades. Aquello me deprimía y me impedía concentrarme en el curso que me atormentaba.

Recordé la época en que yo estaba en cuarto primaria, en Santa Eulalia. Iba muy bien, hasta que me enfermé, tuve que faltar repetidas veces a lo largo de semanas y eso golpeó mi rendimiento. Salí reprobado. En esa ocasión, tuve que repetir el grado. Mi mayor vergüenza en aquel momento fue tener que compartir el aula con niños más pequeños que yo; me moría de la pena, sobre todo al ver a mis compañeros anteriores. En aquel tiempo llegué a la conclusión de que debía ignorar esa sensación, dejar de prestar atención a lo que otros piensen o digan de mí, y enfocarme en mi objetivo: pasar a quinto primaria, lo cual en efecto logré.

Más de una década después, estoy por mi cuenta en Bakersfield, apenas a unas cuantas semanas de haber comenzado el camino que tanto soñé emprender, pero con deseos de salir corriendo de regreso. De pronto, aquel niño de quinto primaria pareció hablarme. Nadie dijo que sería fácil. Para conseguir mis metas debía esforzarme el doble o el triple que mis compañeros. Aquel era un campo totalmente nuevo y no podía rendirme. Tener lástima de mí mismo no iba a ayudarme en nada, así que, ¡basta!

Ninguno de los otros estudiantes era de otro planeta o de otra naturaleza como para lograr algo inalcanzable. A pesar de mi rezago de no haber contado con una computadora desde años atrás, contaba con la decisión de superarme, como lo hice cuando repetí el cuarto primaria.

Exactamente. Eso tenía que hacer.

Al día siguiente llegué muy temprano a la oficina del doctor Wang, el profesor a cargo del curso de programación. Le expliqué la dificultad que tenía en su asignatura y que había suspendido la clase para no perder la nota final pero que estaba súper interesado en continuar asistiendo como oyente, si él me lo permitía. Haría todos los ejercicios e incluso entraría a los exámenes, aunque los puntos ya no contaran, pero que por favor me los calificara.

El doctor Wang se extrañó de mi propuesta pues nadie le había pedido aquello. Lo pensó durante algunos segundos, me miró a los ojos y me dijo: —¡*Ok!*

Volví al aula, me concentré en la asignatura —sin miedo a perder— tomé notas y entregué tareas. Aunque el puntaje no contaba, Mr. Wang me las calificaba, me hacía anotaciones, correcciones. Al principio fueron puntuaciones desastrosas, puras F—menos de 20 puntos sobre 100, pero luego empezaron a mejorar.

"¡Gracias, doctor Wang!", exclamo aún al paso de los años, puesto que fue grande su generosidad, su don de servicio. No tenía obligación de revisar mis ejercicios, pero lo hacía con la misma dedicación que a todos los estudiantes y me escribía recomendaciones, me sugería libros y autores.

Comencé a comprender conceptos, uno por uno; pero uno llevaba a otros; todo lo nuevo empezó a tomar forma, las piezas empezaron a coincidir, código por código.

Al siguiente trimestre, me inscribí nuevamente como alumno regular. Gané los exámenes, me sentí nuevamente capacitado para ganar.

En las asignaturas opcionales tomé cursos de diseño gráfico y comunicación que con el tiempo me serían de gran utilidad. La carga académica era fuerte.

Los días comenzaron a ser más brillantes y las noches, más productivas.

En el empleo de C.A.S.A. comencé a aplicar lo aprendido en clase en cuanto a crear bases de datos y sistematizar mejor la información. La directora ejecutiva de aquel entonces se llamaba Suzan Hopper. Rápidamente se convirtió en mi mentora porque me enseñó tantas cosas minuciosas, aparentemente pequeñas, pero de gran importancia en el trato profesional, desde redactar una carta ejecutiva, imprimirla y doblarla correctamente en un sobre con ventana.

También me instruyó sobre la necesidad de responder siempre con la verdad laboral. Era una jefa muy exigente y constantemente estaba pidiendo nuevas tareas; lo más sencillo era decirle que "sí" a todo, por temor a que se "enojara". Sin embargo, Suzan nos dijo que había momentos en que era necesario saber decir "no" para poder balancear bien el desempeño, porque de nada servía acumular una enorme cantidad de tareas mediocres, inconclusas o tardías: resultados, no excusas, una gran lección que hasta la fecha me sirve.

También pude aportar mis conocimientos en el desarrollo de una página web de la institución, pero lo más importante no fue implementar eso, sino abrir los ojos, observar las tragedias que allí se atendían y constatar que las penurias que había vivido mi familia eran un poco más llevaderas gracias a que las afrontamos unidos, un factor valioso del que carecían cientos de menores en California.

Me fui sintiendo menos víctima de circunstancias como la pobreza, la situación migratoria, la exclusión o la violencia, porque con cada historia que se escuchaba en las oficinas o en las cortes venía el consejo de un trabajador social o de un juez y podía ver que siempre existía una alternativa para mejorar la vida de la gente. Se necesitaba, eso sí, la decisión, la actitud y la perseverancia para hacer los cambios necesarios. Uno debía cambiar para salir de la programación de víctima y reprogramarse con metas.

Pagar comida, cuarto, pasajes o gasolina y otros gastos con 25 dólares diarios (500 dólares al mes) fue algo que transcurrió entre la angustia y el milagro. Hubo momentos en que me sentí totalmente solo, a punto de claudicar, pero siempre aparecía un nuevo "ángel".

Nunca olvidaré las ocasiones en que voluntarias de C.A.S.A. me llevaban comida enlatada como frijoles, atún, calabaza o maíz, porque sabían de mi situación precaria, pero me animaban a seguir estudiando. En especial recuerdo a la señora Dona Chertok, quien siempre me aconsejó y apoyó. Me preguntaba si había desayunado, cómo iba en las clases y tantas cosas, como si fuera una mamá.

Mi trabajo se iba volviendo especializado, merecedor de un mejor sueldo, pero dadas las características de la organización, sin fines de lucro y sostenida mediante donaciones, no me podían pagar más que aquellos US$4.50 la hora. No obstante, valorar cada pequeño avance, cada aprendizaje académico, cada concepto nuevo aprendido a fuerza de intentos, en combinación con las dramáticas historias de tantos menores y sus familias, alimentaron un motor mental cuya fuerza me movió a levantarme, sobre todo en aquellas mañanas en que solo había dormido una hora, por haber estudiado toda la madrugada, bajo una lámpara de escritorio, en mi pequeña habitación, mientras los compañeros dormían.

Haber avanzado en un curso que al principio parecía imposible, me daba la suficiente inspiración para intentar reescribir, seis, ocho, once veces un ejercicio de programación, hasta que funcionara.

Yo mismo era alguien reprogramado bajo la inspiración de poder triunfar y así llegar a tener los recursos para devolver algo de lo mucho que mis padres me habían dado. Pero aún faltaba un tramo muy escabroso, quizá el momento más difícil de mis años universitarios.

22

SIETE SEGUNDOS

Mi hermano Leonardo fue un apoyo fundamental desde mis primeros días universitarios que fueron bastante dedicados pero precarios. Él estaba enterado de mis dificultades económicas y de movilidad entre la universidad, el trabajo y el apartamento estudiantil. No solo era el esfuerzo diario de caminar en el intenso calor, sino las distancias y tiempo para cubrirlas. Cuando me familiaricé con las rutas de autobús, se me facilitó un poco, aunque estaba sujeto a los límites horarios que tienen sus recorridos.

Algunos domingos viajaba, también en autobús, hasta Los Ángeles para compartir con la familia, comer tres deliciosos tiempos completos y recuperar el ánimo. En una de esas visitas, Leo me estaba esperando con un regalo: las llaves de un auto.

—¿Para mí?

—Para vos, con cariño, para que no te cueste tanto movilizarte. Es muy económico.

—Gracias Leo, no sé cómo podré pagarte todo tu apoyo.

—Solo seguí adelante, superándote y triunfando.

No importaba que fuera un poquito viejo: un Toyota Corolla 1980, azul, bastante destartalado, con varios abollones. Arrancarlo fue emocionante. Di la primera vuelta a la manzana como si fuera en un deportivo nuevo. Mi primo Maco, que tenía casi mi edad, fue quien me había enseñado a conducir tiempo atrás por algunas calles desiertas en el auto de mis tíos. El corollita no tenía más aire acondicionado que los vidrios abiertos, lo cual era casi nada en el sofocante calor de Bakersfield. Tampoco tenía estéreo, pero me las arreglé para sujetar un radio de baterías al tablero con alambres y cinta adhesiva.

Después de cierto recorrido, el motor se calentaba y repetidas veces me dejó varado en el camino. Tenía que esperar a que se enfriara. Volvía arrancar y seguía el camino.

—Mejor dejá tirada esta cafetera en una cuneta de la carretera o llévalo a que lo muelan en la chatarra, comentó algún amigo que me acompañaba y que se quedaba varado conmigo.

—¡Oye, si vas a criticar mi auto no me hubieras pedido aventón! Ahora no protestes y esperemos a que venga la grúa. Es una cafetera, sí. Pero es "mi" cafetera —le respondía.

Al final parábamos riendo por el contratiempo, aunque el carro pasaba días en el taller mientras ahorraba dinero para la reparación.

Otro de los males permanentes del auto era que estaba desalineado. Después de cierto tiempo, se le gastaron los cabezales del sistema de dirección. Repararlo costaba una pequeña fortuna que yo no tenía. A causa de este fallo, al ir a cierta velocidad el volante vibrara. Si lo soltaba, se desviaba hacia un lado. A veces a la derecha, otras a la izquierda. Así que siempre debía sujetar con fuerza el timón, sobre todo en las autopistas, en donde no podías ir a menos de 70 kilómetros por hora.

Para ir el fin de semana a visitar a mis padres debía reunir 10 dólares para la gasolina. Si no los tenía, me quedaba encerrado, estudiando. En más de una ocasión ellos me daban la sorpresa. Tocaban a la puerta y eran mi mamá, mi papá y mis hermanos que llegaban a visitarme. Traían comida hecha en casa, se acomodaban en cualquier espacio disponible para conversar y me hacían sentir querido, importante, comprometido a triunfar. Nos sentábamos a comer en un parque o en el patio de los apartamentos. Paseábamos un rato, disfrutábamos de un helado en aquel intenso calor y luego se marchaban.

En una ocasión necesitaba comprar materiales para un proyecto urgente de clase y no me habían pagado en el trabajo. Como suele decirse, en buen guatemalteco, "se me trabaron las carretas". No me quedó más remedio que llamar a mi hermano para preguntarle si me podía regalar 20 dólares y que de ser así me los depositara en mi cuenta de banco. Me daba vergüenza pedírselo a mis padres, pues conocía las limitaciones de la casa.

Mi sorpresa fue que al revisar mi estado de cuenta no había 20 sino 300 dólares. Sabía perfectamente que a Leo no le sobraban, pues él tenía sus compromisos: había formado una familia y tenía recibos por pagar. Aun así me apoyó como un ángel guardián.

La estadía en Bakersfield comenzó difícil y siguió difícil. Universidad por la mañana; después, a correr para llegar al trabajo en C.A.S.A. y cerraba la noche estudiando y elaborando trabajos. A veces tenía clases por la tarde. Me dormía al filo de la medianoche y a veces no dormía. Mi motivación era, en su orden: mantener un promedio de buenas notas, graduarme a tiempo y ayudar a mi familia.

No es que estuviera equivocado en cuanto a esas metas. El problema es que todo aquello era externo y se desconfiguró cuando se produjo una situación que yo consideraba resuelta. Pero no lo estaba.

Me explico: Logré sobrevivir al curso de programación que era un lenguaje nuevo y que terminé por aprender. Pero nada me preparó para fracasar en lo que yo creía dominado, en lo que yo asumí que tenía controlado. El pensum de la carrera incluía cursos obligatorios de matemática, que no me preocuparon porque durante la secundaria fue una materia fácil para mí. De hecho era mi favorita. No sabía que en la universidad el nivel sería totalmente distinto. Aunque se trata de una ciencia exacta, no es de resultados predecibles. Ignoraba que pese a tener reglas muy claras se requería de lógica combinada con creatividad para echarlas a andar. Creía que sabía.

Cuando revisé las notas de Matemática: *¡Fail!*, perdí con 59 puntos.

Fue un duro golpe a mi autoestima. ¡Pero si siempre me concentré tanto en estudiar y repasar ejercicios para los exámenes! ¿Cómo puede ser esto? Le pedí revisión al profesor y en efecto, mis cálculos tenían errores. Me quedé exactamente con 59.

Me volví a asignar ese curso. No servía cambiar de sección, porque todas las impartía el mismo profesor, a quien empecé a ver como una especie de genio tirano. En realidad, era un matemático disciplinado. No podía ni debía perdonar el menor error. Por eso no te regalaba un solo punto. Ni una fracción. Si repruebas, te quedas. Punto. Su ecuación no tenía espacio para la lástima.

Final del siguiente trimestre: gané todas excepto matemática: 59 puntos.

¿Qué clase de barrera es esta? Si no apruebo, de nada sirven las buenas notas en el resto de materias. El maestro no aceptaba oyentes. Y si pierdo una tercera vez la materia, me quitan la beca. ¿Y mis aspiraciones, mis sueños, las expectativas de mi familia? Necesito pasar, que el profesor se apiade de mí. Le pido revisión de examen y es inútil. Reprobado.

Ya dije que siempre es posible reprogramarse, pero en ocasiones esto parece imposible porque hay demasiadas voces y demasiados factores. Uno se empecina en buscar soluciones bajo expectativas que no son propias, en abordar los problemas con la vista puesta en la autocompasión y el qué dirán, que resulta ser una mezcla extremadamente peligrosa.

Viajé a Los Ángeles, quizá en busca de consuelo con la familia, de palabras cariñosas, de una fortaleza que sentía agotada, pero al estar en la puerta de la casa recordé que allí afrontan sus propias dificultades, que renunciaron a contar con mi trabajo, que confían en que yo triunfe y en efecto creen que todo va bien en la carrera.

No tuve el valor de contarle a ninguno que había perdido dos veces la misma clase. Ni siquiera a Leonardo. Sentí vergüenza. Compartí el almuerzo con naturalidad pero con esta bomba emocional dentro. Conversamos de grandes esperanzas y optimismo que se convertían en dolorosas agujas.

Soy una decepción para ellos, aunque todavía no sepan de mi fracaso, pensé.

Me despido y conduzco de regreso a Bakersfield.

Se acelera el motor de la desesperación en mi cabeza. Se sobrecalienta por la seguidilla imparable de pensamientos enfrentados. ¿Acaso tenía razón aquel maestro que me recomendaba ir solo al *community college* para aprender un oficio? ¿Debí obedecer a mis padres cuando esperaban simplemente que tomara un empleo? Les he hecho perder tiempo y dinero en mí. ¡Pero si todos veían en mí el talento! ¿Qué voy a hacer con matemática? ¿Me salgo de una vez por todas de la universidad? Si me inscribo nuevamente y vuelvo a reprobar será el fin del sueño. ¿Y después qué?

Las ideas transitaban incontrolables, mientras en la bajada por la Autopista 5 Norte los letreros que anunciaban la proximidad del parque histórico *Fort Tejon* se mezclaban con los que indicaban la cercanía de Bakersfield, el retorno a la matemática perdida.

Desciendo a toda velocidad desde mis ilusiones iniciales a la oscura angustia irremediable. ¿De qué ha servido partir una hamburguesa en tres para desayuno, almuerzo y cena? ¿De que ha servido el pan que mi hermano se ha quitado de la boca para dármelo a mí?

Siete segundos parecen tan insignificantes y a la vez pueden ser tan largos. Dejamos ir la existencia de siete en siete segundos sin darnos cuenta, pero a veces esos siete marcan el rumbo de la vida. Hay siete primeros segundos en toda vida y siete últimos también.

Voy avanzando a 100 kilómetros sobre un largo tramo recto de bajada sobre la autopista. El motor suena acelerado al igual que mi desilusión. Quisiera ponerle un alto a las voces contradictorias, la sensación de culpa, el terror al inminente fracaso.

Ignoraba lo pesada que se tornaría la carga de ser el primero de mi familia en ir a la universidad. Quise sobresalir y no lo iba a lograr. Ya se siente el viento caliente de Bakersfield. Por mi mente pasan los rostros de mi familia.

—¿Como van esas clases? —me preguntaron mis hermanas en la casa.

—Muy bien —les respondía yo.

—¿Cómo te va en la universidad m'ijo? —me preguntó mamá.

—Bien, bien —contesté.

Aquello me oprimía la conciencia, el corazón, la vida.

Se me acaban las opciones, no soy tan listo como me creía, no tuve valor de decir que he reprobado dos veces. Soy un fiasco, una decepción, no merezco lo que he recibido. Esas ideas venenosas giraban en mí y no lograba espantarlas. No soporto fallarles. Mejor que me lloren a que me vean fracasar.

Agarro el volante con fuerza, como siempre, para que el auto no se desvíe a los lados. ¿Qué pasa si lo suelto? Veo adelante dos tráileres de carga de 18 ruedas que corren paralelos en los carriles de los lados. Decido alcanzarlos y correr en medio de ellos. El timón tiembla.

"¡Parecerá un accidente!", pienso.

Acelero hasta colocarme justo entre los dos largos furgones. Veo sus llantas dobles girar como molinos. Vamos a 130 kilómetros por hora. Los *traileros* solo sentirán un brinco en las llantas traseras, supongo. En un instante se acabará todo este tormento. Del corollita solo quedará metal retorcido en un instante. Me convertiré en una estadística mas de un fatal accidente. Mejor que me lloren a que me miren con lástima.

Suelto el volante.

Cierro los ojos.

Espero el impacto.

"Perdónenme todos...."

Aquellos fueron los últimos siete segundos de una vida.

Sí, en aquella situación emocional decidí quitarme la vida. No estaba pensando, sino dejándome llevar por la desesperación, la lástima por mí mismo, el miedo. Estaba por tomar el camino más equivocado y absurdo. Era la peor decisión, el error que no se puede corregir, pero cuando te dejas vencer por la angustia, ésta te hace creer que es la única salida.

Cerré los ojos. Solté el volante.

Uno…

Dos…

Tres…

Cuatro…

Cinco…

Seis…

Siete.

—¡Dios mío! ¿Qué estoy haciendo?

Estoy sudando, llorando y respiro como si fuera la primera vez.

Agarró el volante otra vez. Se siente otra vez el jaloneo de siempre, pero el auto inexplicablemente no se desvió ni a la derecha ni a la izquierda. Los camiones seguían avanzando a los lados. Freno poco a poco y me detengo a la orilla del camino, en medio de ninguna parte, en el centro de mi propio mundo. Nunca había contado esto. Y lo hago hoy porque pude vivir para contarlo.

No sé cuánto tiempo lloré frente a las mudas montañas pobladas de espinos, que me parecieron hermosos, frescos, nuevos confidentes silenciosos. El cielo del atardecer me llevó a través del tiempo y me dejó muy claras varias ideas: A los 5 años casi muero en un camino a la mitad de la neblina de las montañas, pero sobreviví. ¿Caminó en vano mi madre tantas horas agónicas por aquellas montañas para salvarme? Aquel cuarto grado de primaria que perdí, logré ganarlo y pasé a quinto, sobreponiéndome a cualquier vergüenza. ¿Fue en vano? Después, me tocó cruzar indocumentado la frontera desértica de México y de Estados Unidos, algo que mucha gente intenta, pero no todos consiguen. Pero lo hice. ¿No sirvió de nada? Conseguí incorporarme a la secundaria después de una brutal quemadura, organicé como líder estudiantil de secundaria la protesta contra la ley antimigrante, perseveré para poder conseguir una beca prácticamente imposible ¿para ahora venir a decir que no puedo? ¿He recorrido todo este viaje de fatigas, riesgos y madrugadas cansadas para rendirme aquí?

Encendí de nuevo el auto y continué hasta Bakersfield. El camino conocido me pareció nuevo, extraño, redescubierto.

Siete segundos, siete minutos, siete horas. No sé cuánto tiempo transcurrió, pero aquel mismo día decidí cambiar mi enfoque de vida, al logro, al "éxito".

Reordené ideas y prioridades. No podía cambiar mi forma de vivir si no cambiaba mi forma de pensar. Reconocí que necesitaba "aprender a aprender". Me había enfocado en intentar ganar los exámenes por medio de memorizar mucho y con ello resté importancia a los ejercicios de clase o a las tareas que sumaban "solo" uno o dos puntos, pero puntos al fin.

Busqué ayuda con los consejeros estudiantiles. Me explicaron que lo que cuenta a la larga no es solo la calificación numérica, sino comprender el concepto, aplicar el conocimiento. Al profesor de matemática le pedí consejos sobre cómo abordar la lógica de esa materia. Busque otros libros sobre aprendizaje, motivación y técnicas de estudio.

En todo aquel proceso de reinvención personal, me cayó en las manos una investigación japonesa según el cual el cuerpo humano solo necesita 2 horas y 45 minutos de sueño para poder seguir trabajando con eficiencia y ser una especie de "zombi productivo". Hice la prueba y me funcionó: aprender en las clases, aprender en las lecturas, aprender en los ejercicios y sobre todo aprender de los errores.

Trabajaba, iba a clases, estudiaba hasta las 3 de la mañana y dormía 165 minutos. A las 5.45 me levantaba y a repetir el ciclo.

Tenía un tiempo laboral completo, de ocho horas diarias. En C.A.S.A. sabían que los horarios de clase no eran solo por la mañana y que tenía ciertos cursos por la tarde; me permitían cierta flexibilidad, de manera que laboraba dos o tres horas y luego completaba las restantes en la tarde o noche. El zombi Marcos leía, repasaba, hacía ejercicios y aprendía.

Estaba vivo porque necesitaba comer, beber agua, ir a trabajar, poner atención al maestro y volvía a estudiar hasta las tres de la mañana. Me dormía y la alarma sonaba a las 5.45.

Otro día, otra semana, otro mes.

Claro, alguna vez asistía a la casa de algún compañero de clase o de algún profesor, para hacer un trabajo en equipo o tener una cena de convivencia. Pero al día siguiente, otra vez arrancaba a las 5.45.

Así transcurrieron los años de la carrera, al final de los cuales tenía un promedio de 2.7, que no era alto, pero sí suficiente. Con mis tiempos laborales se hacía imposible lograr notas A o B, pero sí era posible aprender. Con una calificación C me sentía feliz y a veces con una simple D bastaba para pasar el curso. La prioridad era ganar todos los cursos. No me malentiendan, no era mediocridad, sino la adaptación de mis capacidades y circunstancias a mi objetivo: aprender.

Al tercer intento gané Matemáticas. Con una D (poco más de 60 puntos). Vinieron otras clases, Matemática 2, Matemática 3, Lógica Matemática. El enfoque dejó de centrarse en el promedio alto, decidí no competir por notas sino por lograr el aprendizaje funcional. Expulsé el "no puedo" para poder trazar una visión renovada.

Llegó la etapa de hacer la tesis: la asignatura más importante de toda la carrera, no solo por ser la última, sino porque era aquella donde debía aplicar todos los conocimientos adquiridos durante el lapso de la universidad. En ese curso pude demostrar que si bien mis notas no eran sobresalientes, mi aprendizaje sí había sido efectivo, integral y completo.

Mi proyecto fue desarrollar un sitio informativo sobre Guatemala, mediante una plataforma del sistema de datos de *Oracle*. Incluí todos los lugares y regiones del país. La recopilación de datos fue difícil. Contacté a instituciones de gobierno y varias me respondieron e incluso me enviaron documentos e informes. Busqué entre esos datos a Nancultac, mi aldea natal y la incluí, al igual que Cocolá Grande. Desarrollé ese proyecto basado en una necesidad actual del mundo real, con desglose de departamentos, municipios, aldeas y caseríos, con datos de los que pude conseguir.

Al presentar este portal completo y en línea a los profesores, expuse la necesidad que existía en países como Guatemala de contar con este tipo de información, les mostré algunas fotos dentro del sistema y les expliqué detalles que aprendí de mi país. Además, también beneficiaba a los migrantes en EE. UU., que así podrían mantener el contacto con sus lugares de origen.

Navegaron, deliberaron y me otorgaron la calificación más alta: una A, es decir, 100 puntos. Esta nota, en una tesis, es un verdadero reconocimiento.

Con esto me di cuenta de que la mentalidad enfocada en aprender y no concentrada en punteos o memorización, alimenta la creatividad y eventualmente la innovación que los siguientes años serían fundamentales para mi desarrollo profesional en un mundo competitivo.

23

VOLVER A VIVIR

Llegó el momento en que ya no pude seguir trabajando en C.A.S.A. Era mi último año de carrera y no podía darme el lujo de perder en la recta final que es donde están las clases más exigentes. Decidí que no iba trabajar más a tiempo completo. Tomé hasta 26 unidades académicas, con cursos adicionales. Lo usual para un estudiante de tiempo completo eran 12 unidades.

Además, gracias a Dios, con lo que ya había aprendido en los cuatro años anteriores, sobre diseño gráfico, comunicación y lenguajes de computación, podía elaborar de manera *freelance*[45], proyectos de páginas *web* o de publicidad, que eran muy bien pagados: en 10 horas de trabajo lograba lo que me pagaban en un mes —160 horas— en C.A.S.A., quienes por cierto se sentían muy orgullosos de mí y me siguieron apoyando en todo.

---

[45] Contrato libre no sujeto a horarios o asistencias, sino a la entrega de un servicio o producto en un plazo determinado.

En ese/ período de labor independiente me percaté de la vital importancia que tiene saber escuchar con atención a los clientes, enfocarse en sus necesidades y expectativas, desarrollar propuestas concretas para corresponder a las realidades de su empresa, pero sin perder de vista sus percepciones y opiniones. Elaboré folletos, afiches, anuncios y otros materiales publicitarios, lo cual me obligó a leer mucho sobre mercadotecnia, servicio al detalle, técnicas de venta, liderazgo, desarrollo de proyectos, puesto que yo no era el único que ofrecía tales trabajos: había mucha competencia de gente muy creativa y yo tenía que ofrecer un buen producto, a tiempo y con buena actitud.

Un año antes de finalizar la carrera, durante las vacaciones de verano de 1999, conseguí un empleo interino en el departamento informático de Dynegy, una compañía de petróleo y energía. Fueron tres meses durante los cuales el ingeniero titular tomó vacaciones. Fue muy interesante conocer procesos, exigencias y necesidades de un campo en el cual yo no sabía prácticamente nada. Interactuar con ingenieros industriales y eléctricos, así como con personal administrativo para prestar el servicio de soporte de redes, resultó muy enriquecedor.

Intenté poner atención a los requerimientos de cada departamento específico, que podían ir desde la velocidad de conexión hasta la automatización de ciertos registros rutinarios. Fui atendiendo esas necesidades en la medida de mis posibilidades mediante desarrollos en los que apliqué lo aprendido teóricamente.

Un día me llamaron a la oficina de la gerencia de operaciones. ¿Hice mal algo? ¿Me reclamarán por alguna situación?

— ¡Llevábamos años pidiendo que nos arreglaran esto! Y tú en un par de semanas lo reparaste y lo has dejado mejor que nunca —me dijeron.

Me ofrecieron que me quedara con una plaza fija, con un mejor sueldo. Para muchos podría haber sido bastante tentador. Sin embargo, yo estaba muy claro con mis prioridades. Tenía que hacer la tesis y graduarme. Además, había llegado a la ciudad de Bakersfield, para ir a la universidad y no para trabajar.

Les agradecí con toda la amabilidad que pude y les dije que no podía aceptar ya que mi prioridad era la de terminar la carrera.

Además, en un ejercicio de sentido común llegué a una conclusión estratégica: si en este momento, aún sin tener un título de egresado, ya me ofrecen un buen salario, estoy seguro de que, al terminar de estudiar, en unos cuantos meses, encontraré mejores oportunidades.

Mi situación económica estaba en un punto límite, pues con los trabajos *freelance* que hacía, apenas si alcanzaba para comer y pagar la habitación, pues no eran constantes. En esos últimos años universitarios me adelgacé tremendamente, no para conservar la figura sino porque sencillamente comía muy poco, casi lo necesario para sobrevivir y rendir en las clases. Ahorré la mayor parte de lo que me pagó Dynegy para resistir unos cuantos meses más.

Decidí priorizar mis estudios en esta última etapa. Fue la decisión adecuada porque los ejercicios de los últimos meses abarcaban muchísimo esfuerzo. El proyecto del sitio sobre Guatemala fue un éxito porque pude dedicarle todo el tiempo necesario y solo me quedaban por delante algunos cursos finales.

Usualmente uno debe conseguir un empleo para buscar un auto, pero en este caso primero busqué el auto y esto me traería el trabajo. Faltaban tres meses para graduarme. El corollita ya se había quedado atrás y tenía otro auto, en similares condiciones, siempre a punto de quedarse fundido. Ese segundo auto me lo había regalado mi hermano mayor Andrés, el sabio de la casa. Y también noble. Hizo el esfuerzo de darme aquel carro cuando el primero fue irreparable. Pero también ese segundo auto estaba al borde del colapso.

Entre charlas de pasillos de clases y algunos anuncios de periódicos me enteré de que por ser un virtual graduando podía obtener un auto nuevo sin enganche y empezar a pagar las mensualidades dos meses después. Me vi inducido por una extraña mezcla de ilusión, necesidad y optimismo. Me dirigí a un concesionario de autos nuevos para preguntar cuáles eran mis posibilidades. Era casi una locura. Era casi poético. Sin ningún dólar en la bolsa entré para admirar el carro de mis sueños.

En efecto, podía adquirirlo sin enganche, pero necesitaba referencias laborales. Solo pude poner el empleo en C.A.S.A., aunque ya no estaba allí. Añadí los proyectos de diseño que hice por mi cuenta, pero no era suficiente. No me podían financiar el auto solo con esa base.

De todos modos, no había en existencia autos como el que yo quería específicamente y debía esperar seis meses para que llegara el nuevo embarque. Se me ocurrió una idea. Le comenté al vendedor que solo me faltaban tres meses para graduarme en *Computer Science* y que con esa carrera lograría tener empleo inmediato con un salario suficiente para pagar las mensualidades y que, de hecho, ya me habían hecho propuestas de trabajo. Si de todos modos había que esperar, ¿podía anotarme en esa lista de espera?

—Bueno, siendo así y teniendo expectativa de empleo en una carrera tan buena como esa, creo que podemos hacer algo, dijo el vendedor con una expresión de complacencia y alivio.

—¿Y entonces qué debo hacer? —le dije.

—Necesitamos garantizar que podrá pagar las mensualidades al recibir el auto en seis meses. Puesto que es un plan sin *downpayment*[46], lo que necesitamos es que nos traiga una carta de una oferta laboral de alguna empresa.

---

[46] Pago de enganche

En California el *boom* de la industria digital representaba tal fenómeno económico que, si alguien demostraba que tenía una profesión tecnológica, fácilmente podía conseguir un auto al crédito sin dar siquiera la cuota inicial, porque sabían que se trataba de ingresos buenos y seguros.

Me metí a algunos sitios de Internet de empleos. Recuerdo dos que todavía existen: *monster.com* y *dice.com*, este último especializado en recurso humano para el sector tecnológico. Llené un formulario en donde anoté mi nivel académico y anoté los trabajos que había hecho en los últimos cinco años, algunos otros datos como referencias personales y ya.

Al día siguiente, recibí una enorme cantidad de correos electrónicos de empresas que estaban interesadas en entrevistarme; incluso algunas me decían de una vez que podía comenzar a trabajar al siguiente día, algo que no quería hacer.

Filtré las ofertas, hice algunas llamadas y pregunté si me podrían enviar una carta formal de oferta laboral.

A los tres días tenía en mi buzón más de 10 propuestas de trabajo como programador, encargado de informática o gerente de sistemas digitales en diversos tipos de empresas: comercio, finanzas, plantas industriales, desarrolladores tecnológicos, educación. Era el año 2000 y había alta demanda de expertos en computadoras, lo cual encajaba perfectamente con mi alta urgencia por empezar a trabajar a fin de empezar a pagar todas las deudas adquiridas, que incluían varias tarjetas de crédito topadas, así como la convicción de ayudar a mis padres, quienes simplemente estaban asombrados, porque cuando no tienes una calificación laboral profesional, lo usual es andar buscando una plaza, casi rogando para que te den trabajo, pero ya con un título universitario en una disciplina informática, eran las compañías las que te cortejaban y te hacían toda clase de ofertas para que te fueras con ellos.

Descargué e imprimí todos los ofrecimientos de empleo y regresé a la venta de autos. Le dije al vendedor: Escoja la que le guste.

En un chasquido de dedos me anotaron en la lista de espera por el auto de mis sueños: un deportivo *Toyota MR2 Spyder*.

—Y lo quiero de color amarillo, por favor.

Papá y mamá, quienes en un principio tenían tanta reticencia sobre mi decisión de estudiar una carrera universitaria, ahora no paraban de aconsejar a mis hermanos menores, a mis primos y a quien podían, sobre la necesidad de buscar la superación profesional para salir adelante.

Lo que más sorprendía a papá era que los empleos llegaban hasta mi computadora. No había que salir a la calle para preguntar en las fábricas si había plazas vacantes, como tantas veces le tocó a él. Dentro de muy poco ya no tendría necesidad de trabajar. Ni él, ni mi mamá.

Ambos se habían convencido de que la educación siempre amplía horizontes y abre puertas. Requiere sacrificio, demanda tiempo y esfuerzo sostenido, sí; pero aunque tarda el árbol en crecer, llega el tiempo en que florece y da frutos.

—¡Miren a Marcos, ni ha salido de la universidad y ya tiene trabajo fijo para dentro de tres meses! —decía mi papá, muy contento a sus amigos.

24

LLEGA EL TIEMPO DE FLORECER

Cuando viví solo en mi pueblo, me encantaba sentarme en una loma verde para admirar el brillo de los atardeceres. Era la bienvenida a la noche, era el velo de misterio que nos llevaba a soñar con un nuevo día o a imaginar otras épocas remotas de nuestros padres y abuelos.

En los años de universidad, el estadio de béisbol, usualmente vacío, se convirtió en mi lugar favorito para meditar, ver caer el sol y con esto llegaba la transformación del cielo que tomaba esa combinación tonal de naranja con rosado, en perfecta gradación con el celeste que despedía otro día.

Era tan límpido y sereno aquel espectáculo que, en verdad, cualquier tarde de esas bien podría ser el final de una era y la llegada de otra.

El silencio total era un regalo que me servía para tomar decisiones importantes, como la de elegir en dónde iba a trabajar. Mi primer empleo como graduado debía darme la satisfacción de disfrutar mi profesión, pero, a la vez, llenar mi expectativa económica. Leí detenidamente las propuestas que recibí para la solicitud del auto. Había varias muy interesantes y seleccioné dos finalistas.

Me sentía muy afortunado de poder tener trabajos hasta para escoger, porque supe de algunos amigos de la secundaria que estudiaron en universidades californianas de renombre como Berkeley o Stanford que aún no recibían propuestas de empleo, lo cual demostraba que el lugar donde uno cursa una carrera puede tener cierta importancia, pero mucho más determinante es el desarrollo personal que se consiga.

"¿Qué trabajo me conviene más? Uno tiene la ventaja de ser estable y con salario jugoso; el otro no tiene tanto sueldo, pero suena novedoso y desafiante", pienso mientras veo el cielo atravesado por las líneas que trazan aviones lejanos y recuerdo cuando de niño en Santa Eulalia soñaba con que era un quetzal que volaba alto sobre las montañas, sobre las nubes, sobre las aldeas, cruzaba el mar y conocía ciudades lejanas. "Debo elegir bien."

Les cuento las dos propuestas que me interesaron:

La primera era en un banco muy prestigioso e incluía un excelente salario. Si el pago por oficios operativos, por ejemplo, en una fábrica de ropa, en 2001 era de US$4.50 por hora, en esta compañía me ofrecían US$44 por hora, para empezar. ¡En una hora ganaría más de lo que gana mi papá en un día! Se trataba de una labor de mantenimiento y desarrollo de sistemas digitales, así como prestación de servicios en línea.

En ese tiempo la expansión de los servicios por *Internet* cobró un auge tremendo y las empresas prácticamente se peleaban por los jóvenes egresados en las carreras de programación e informática, que no eran tantos como la demanda lo exigía. El tiempo de casi cinco años de penuria, auto descompuesto y atascos económicos recurrentes parecía haber terminado si tomaba aquel puesto en el cual tendría un bono extra anual y otros beneficios, entre ellos una enorme oficina reluciente con un gran escritorio y vista panorámica en un edificio "*super fancy*[47]" del centro de la ciudad de Westwood, a minutos, caminando, de la sede de la Universidad de California en Los Ángeles—UCLA.

Los entrevistadores en esa compañía financiera fueron muy amables, me mostraron todas sus instalaciones y cultura laboral de tal forma que casi me convencen de firmar en ese momento para comenzar a trabajar después de la graduación. Me ofrecieron esperarme lo necesario. Todo el ambiente era de lujo, con paredes de vidrio, aire acondicionado, muebles nuevos, un monitor enorme, computadora potente y un trabajo realmente práctico de realizar, muy parecido a lo que ya había hecho en Dynegy, aunque con muchísimo mejor paga.

Les dije que tenía que evaluar otra oferta de trabajo y que la próxima semana les comunicaría mi decisión. Me insistieron, que no lo pensara más, que podía hacer una contrapropuesta de salario.

—¿Cuánto quiere ganar? Díganos y lo hablamos.

—El lunes —les respondí.

La otra opción era una pequeña compañía de desarrollo de *software* específico para sitios de *Internet*. La empresa impulsaba un lenguaje de programación que no resultaba muy conocido en aquel momento y que aparentemente no tenía tantas perspectivas porque despertaba poco interés en las grandes empresas. La compañía se llamaba *Day Interactive*, que años después cambió a *Day Software* y su meta era facilitar a las empresas el manejo de contenidos privados o públicos, así como sus redes internas o externas.

Lamentablemente, no hubo tiempo en la agenda para efectuar una entrevista presencial, así que fue una conversación por el teléfono con el gerente, llamado Alan, quien me explicó que la compañía había surgido en

---

[47] Supermoderno

Suiza, que su fundador había desarrollado una plataforma bastante versátil de manejo de contenido digital y que para expandirse habían abierto una oficina en Estados Unidos, en la avenida Wilshire de Los Ángeles.

La visión de la empresa era que su plataforma de manejo de contenido digital, se desarrolle usando un nuevo lenguaje de código que era incipiente en ese momento y se denominaba *Java*. Yo lo había conocido y explorado en la universidad y me resultaba interesante. Sinceramente, consideraba que ese sistema tenía el potencial para poder hacer más ágil el funcionamiento de diversas operaciones de páginas digitales y redes públicas o privadas, aunque la mayor parte de la industria prefería utilizar animaciones en *Flash* o en *Shockwave*, *Macromedia* y el lenguaje favorito de programación solía ser *Microsoft ASP*, que de hecho fue el que empleé en mi proyecto de tesis. Se creía que era el más atractivo para los usuarios, pero con el tiempo se demostraría que retrasaban la operación porque todo el contenido debía cargarse antes de poder funcionar.

El atraso era de solo unos cuantos segundos, pero, en un entorno de competitividad creciente, la rapidez en la interacción era una demanda en crecimiento y aquellos instantes de espera terminaban costando una fortuna a las compañías, porque muchos usuarios se iban a otra página.

Lo que más me atraía del Java era que representaba un lenguaje nuevo, lo cual coincidía con que yo también era un profesional nuevo, que no deseaba ser continuador de lo mismo sino alguien que se abriera campo con una propuesta innovadora.

Hice cálculos. Si podía comenzar a trabajar desde aquel momento en ese sistema, en cinco o diez años podría ser un experto total y ese tiempo sería mi principal ventaja sobre la competencia que tarde o temprano llegaría a usarlo.

En fin, fuera de tecnicismos, el trabajo en *Day Software* me resultaba mucho más apasionante que el del banco porque todo estaba por crearse, con mucha tarea de desarrollo y potencial de invención.

Alan, por teléfono me dijo palabras casi mágicas: "Este trabajo no es nada rutinario, requiere de personas a las que les guste experimentar y tomar riesgos, hay que ser creativos para hallarle nuevos usos a la plataforma. Muchas de las cosas que se pueden hacer aquí no están en las tendencias digitales, pero lo estarán a futuro y sobre todo te dará la oportunidad para viajar por todas partes de los Estados Unidos y del mundo".

Eso de poder viajar mientras trabajaba también sonó súper atractivo para mí, porque hasta entonces no había viajado mucho y había sido mi sueño. Me emocioné. Podía hacer tres cosas al mismo tiempo: tener un ingreso fijo, crecer con una nueva tecnología y a la vez, conocer lugares interesantes.

Había desventajas: la primera, muy concreta. El sueldo era menor de los casi US$80 mil al año que me ofrecía el banco. La segunda: existía la posibilidad de que el *Java* no se expandiera pues había muchas tecnologías en competencia. Abundaban expertos en programas fuertes en aquel momento, así que al apostar por ser experto en un lenguaje nuevo el beneficio llegaría con el paso del tiempo, aunque a riesgo de fracasar, con lo cual perdería tiempo y costo de oportunidad.

¿Qué hago? ¿A dónde me voy?

Me encantaba la idea de la programación e innovación con *Day*. Pero a la vez, me imaginaba entre los cristales nítidos del banco, con un sueldo jugoso y con una vista desde las alturas de aquella ciudad por donde había caminado tantas veces sin un centavo en la bolsa.

"¿Qué me conviene más? ¿Qué debo hacer?"

Las preguntas y los cálculos se sucedían en aquel viernes de abril del año 2000, en aquel graderío desierto desde el cual veo las primeras estrellas aparecer en el centro del cielo que se parece tanto a aquel que vi la tarde en que mi madre regresó conmigo al pueblo, después de haberme cargado de ida y vuelta hasta donde la curandera que salvó mi vida.

En aquel estadio solitario tuve una especie de ensoñación, de viaje en el tiempo y la memoria. La brisa fresca me devolvió a la realidad. Ver la noche acercándose, como si fuera la primera, me dio tranquilidad porque después de ella vendría un nuevo *day*—un nuevo día. Fue en ese momento preciso que decidí quedarme con *Day Interactive*.

El lunes siguiente les notifiqué mi decisión a las empresas.

A los del banco no les gustó la negativa. Me insistieron. Me propusieron mayor sueldo, me dijeron que tendría una carrera asegurada, un buen plan de seguro, pero cuando no accedí pasaron a su plan B e intentaron amenazarme con una demanda por haberles ofrecido mis servicios y luego declinar. Nunca firmé nada ni efectué compromiso alguno con ellos. Pero me di cuenta de que los programadores habíamos pasado a ser expertos codiciados.

Los de *Day* me dijeron que celebraban mi decisión, que finalizara con éxito mis estudios y que me esperaban. Fue así como tres meses antes de graduarme ya tenía trabajo asegurado. ¡Gracias a Dios!.

25

SIEMPRE HAY UN NUEVO *DAY*

Llegó el ansiado día de la graduación.

Una mañana para compartir alegría con mis seres amados sin cuya generosidad no hubiera sido posible llegar hasta allí.

Era la culminación de tantas carreras, angustias, jornadas de esfuerzos propios y compartidos. Recuerdo todavía el fuerte sol de aquella mañana de junio en que tuvo lugar la ceremonia en el estadio de la universidad.

Mis papás viajaron desde Los Ángeles, también mis hermanos, mis tíos, mis primos; voluntarios de C.A.S.A. que me apoyaron—no solo con latas de comida sino con sus consejos, con palabras de ánimo—, todos aplaudieron cuando me llamaron para recibir mi título.

—Marcos Andrés Antil, se escuchó por los altavoces.

Al dar los pasos sobre la tarima para recibir el título profesional de manos del rector fue un momento en que sentí caminar sobre nubes. Era el primer graduado universitario de mi familia; el único que se graduó de la carrera de *Computer Science* del grupo de alumnos que entró conmigo cinco años atrás, porque la mayoría se fueron a otras carreras.

Mis papás aplaudían, sonrientes.

Muchísima alegría, abrazos, discursos, nostalgia, birretes al aire, los rostros de mis familiares irradiaban felicidad en aquella gran multitud. El calor era fuerte, en pleno junio californiano, pero a pesar de ello soplaba un viento suave, que era el impulso para seguir adelante.

Recuerdo haber dado una última caminata por las aulas, evoqué mentalmente a los maestros, los días difíciles, los exámenes sufridos, el hambre, los desvelos interminables, los siete segundos determinantes, pero he aquí el objetivo cumplido.

Aquella mañana me renovó la esperanza, me entregó la satisfacción de ser alguien totalmente distinto, una década después de haber llegado a Estados Unidos, pero con la misma convicción de aquel niño de Santa Eulalia que se lanzaba desde las laderas para caer con una pirueta que a veces fallaba y me dejaba un fuerte golpe, pero de tanto intentarlo, conseguía caer de pie sobre una grama muy parecida a la de esta cancha convertida en un campo de felicidad soñada.

Por supuesto, hubo celebración con almuerzo y fue en uno de los restaurantes donde cinco años atrás me habían denegado el trabajo.

Dos días antes de la graduación ocurrió algo inesperado. Una llamada inusual. Me hablaron de parte del concesionario de autos. Era acerca del pedido que hice tres meses atrás.

—Un cliente desistió de comprar un vehículo que encargó. Es un MR-2, como el que usted solicitó en abril. Se encuentra nítido, cero kilómetros, en la agencia. Lo tenemos a usted en lista de espera para dentro de tres meses. Esta llamada es para preguntarle si le interesaría a usted tomar ese auto. Sólo con un detalle: no es amarillo, sino rojo. Pero le propongo esto: véalo y si le gusta, es suyo. Venga el sábado y hablamos.

—El sábado no puedo. Es mi graduación. Podría ir hasta el domingo.

—No hay problema, lo espero.

Así que el domingo llegó un instante mágico. Entro a la agencia y me cautiva a primera vista el *Spyder* 2000, rojo brillante, descapotable, motor 1800, dos plazas. Me lo llevo. ¿Donde firmo?

Desapareció el tablero de mi carro viejo y apareció uno reluciente con volante deportivo; el motor achacoso se transmutó en miles de potentes revoluciones; los aros repintados de hierro les dejaron el lugar a unos de magnesio; ya no tiembla el tren delantero al acelerar la marcha y el aire acondicionado funciona perfectamente..

Salgo despacito. Conduzco lentamente, como si temiera despertar. Tantas veces vi este modelo rebasarme mientras yo iba pidiéndole al cielo que no se apagara mi cafetera. Su motor era una sinfonía acelerada. Nunca iba a olvidar los achaques del viejo *corolla* ni sus puertas que cerraban quejándose ni sus apagones repentinos por sobrecalentamiento ni su timón que solo por siete segundos salvadores dejó de temblar. Y así terminé el domingo dando vueltas por la autopista sin ir a ningún lado. La vida es el viaje.

El lunes arranco el auto y con el estéreo a todo volumen me encamino a las oficinas de *Day Software*, para —finalmente— conocer sus oficinas y comenzar mi primer día de trabajo. Me motiva el reto y también el riesgo. ¡Ni siquiera conocía las instalaciones y así acepté el empleo! Si acierto, será grande el aprendizaje y la ventaja comparativa. Estoy ansioso por aprender todo lo que se puede llegar a desarrollar con un sistema cuya simplicidad lo hace versátil, adaptable, expandible. A lo largo de la historia de la computación, el ciclo se ha repetido y no falla: los desarrollos innovadores siempre terminan por superar lo establecido.

Con unas cuantas canciones a todo volumen llegué al 5500 del bulevar Wilshire de Los Ángeles. Me estacioné y sin duda el *Spyder* colorado reluciente resaltaba entre todos los autos del lugar.

La sede de la empresa estaba en el edificio Desmond, una antigüedad de concreto cuya torre de once niveles sobresale sobre una base de dos pisos; estilo *art deco* de 1929, que en algún momento constituyó la vanguardia arquitectónica y de hecho fue el primer edificio panorámico del área. Originalmente fue erigido para albergar una tienda de ropa, la primera de su tipo en esta área históricamente conocida como *Miracle Mile*[48].

Siempre había visto la torre gris al pasar pero no tenía idea que un día entraría para trabajar allí. ¡Quién iba a imaginar que detrás de esos muros y ventanas retro se escribía un producto clave para empresas de alcance mundial o que se tejía una empresa pequeña pero innovadora que llegaría a ser adquirida en el 2010 por *Adobe* por 240 millones de dólares americanos!

Al cruzar la puerta se sentía como un retroceso en el tiempo, pues la decoración transportaba hasta una época sin computadoras ni Internet. Me agradaba aquella combinación desafiante de líneas rectas y curvas en muros y pisos; diseños vegetales y tipografía parecían esconderse de la vista en una especie de código. Haber aprendido diseño me permitía tener alguna noción sobre aquel movimiento estético que buscó un futuro utópico.

Subo en el ascensor original, de 70 años de antigüedad, decorado con tonos dorados y madera tallada, que solo funciona manualmente. Lo maneja Rubén, un operario dedicado a subir y bajar personas allí durante más de 30 años. Le cuento que es mi primer día en *Day Software* y él me explica cómo operar el elevador si acaso salgo tarde y él no está.

---

[48] La Milla Milagro, llamada así por la gran expansión económica que tuvo en la década 1920. De ser potreros con un camino de terracería pasó a ser un activo distrito comercial, gracias a la visión de un emprendedor de bienes raíces a quien muchos le dijeron que sería una mala inversión y no lo fue.

Llegamos al séptimo piso.

Alan, el gerente, me recibe amablemente y me felicita por el auto, que se puede ver desde donde estamos. Me brinda un recorrido por las instalaciones. En realidad, es un solo ambiente en el cual podrían caber apenas unas 10 personas.

Los escritorios y cubículos están por todas partes, entre piezas de computadoras, decenas de monitores encendidos y otros arrumbados unos sobre otros. Las sillas topan espalda con espalda. No hay aire acondicionado, por eso están abiertas las ventanas y encendidos varios ventiladores que lanzan su viento de un lado a otro. Se cruzan jóvenes *geeks* con lentes, en *jeans*, *shorts* o playeras. Algunos usan sandalias. Nada de trajes formales o corbatas. El único requisito del *dress code*[49] era sentirse cómodo y libre para crear.

Por cierto, los ventiladores no eran realmente para la gente sino para las computadoras. Lo único que refrescaba aquel hervidero de ideas era la brisa del exterior, algo que no necesariamente era efectivo en el verano californiano. La gente me recibió con una sonrisa, un *welcome*[50] y seguía trabajando en lo suyo. Fascinante.

Me decidí por la opción laboral menos convencional. Podía equivocarme. Pero había perdido el miedo a equivocarme. También podía acertar, pero solo podía saberlo si lo intentaba.

Auto nuevo, empleo nuevo, Marcos nuevo.

---

[49] Código de vestuario
[50] Bienvenido

26

LANZARSE A VOLAR

Después del recorrido, firmé contrato para trabajar en *Day Software*. Un apretón de manos y me asignaron un *laptop* en la esquina de una mesa, donde estaban trabajando otros programadores. Importante, me mostraron dónde estaba el café y detrás de dos puertas, el sanitario. Nada de arquitectura *hi-tech*. Los espacios eran pequeños, los escritorios, gastados; en los muros abundaban papeles con anotaciones y esquemas. Por allá una pizarra con diagramas. ¡Me encanta! Me dieron las instrucciones para mi primer proyecto, que ejecutaría en equipo con una chica que ya laboraba allí.

Nuestra misión era desarrollar el funcionamiento de un sitio *web* destinado a las ventas en línea globales de una empresa japonesa que vendía aparatos electrónicos, desde radiorrelojes hasta televisores.

La compañía era *Sony*, que buscaba expandir sus ventas por Internet en Estados Unidos, optimizar pagos con tarjeta de crédito y agilizar los envíos a domicilio.

Se necesitaba lanzar el sitio *sonystyle.com*, el cual debía ser visualmente agradable, brindar información clara e imágenes de los productos, con un manejo amigable hacia el usuario y que facilitara las transacciones, de forma segura y eficiente.

Para completar este proyecto era necesario viajar constantemente a Nueva Jersey, al otro lado del Manhattan en Nueva York. Sí, aquello de los viajes fue uno de los ganchos que me atrajeron a este empleo, pues hasta entonces solo había estado una vez fuera de California, cuando viajé a Washington D.C. por el premio del concurso de ensayo. Ahora sería mi rutina: Salía del aeropuerto de Los Ángeles hacia Newark en el vuelo de las 9 de la noche los domingos y aterrizaba a las 6 de la mañana del lunes perfectamente descansado. Entraba al trabajo a las 9 en punto. El desarrollo fue arduo, con altas exigencias de rendimiento y muchos desvelos, algo a lo que yo estaba acostumbrado. El aprendizaje fue enorme. Los hoteles se convirtieron rápidamente en un ambiente usual. Comparados con mi pequeña habitación compartida de los años de universidad eran verdaderos palacios. Los viernes, si no había alguna emergencia por atender, tomaba el vuelo de las 6 de la tarde en Newark y llegaba a las 9 de la noche a Los Ángeles. La diferencia horaria jugaba mi favor. Aquella fue mi rutina por casi 14 meses y en ningún momento se me hizo cansada o tediosa.

El sitio se lanzó y funcionó exitosamente. Vinieron otros proyectos. Las semanas volaron.

Desde mi primer cheque de pago me hice cargo totalmente de los gastos de mis padres. Me mudé temporalmente a Los Ángeles a la casa de ellos, después regresé a Bakersfield en donde compré una casa. Mis papás no tenían ya de qué preocuparse económicamente. Pague las tarjetas de crédito. En poco tiempo estaba desahogado en ese sentido; eso sí, nadando en trabajo, bendito Dios.

Fue un gran aprendizaje escuchar las exigencias y también los sueños de los clientes y poder concretarlos en un desarrollo para que el sitio funcionará en la forma deseada. En aquel momento no era una tendencia hablar de UX[51], pero para mí ya era algo prioritario. Estaba de pronto en la primera línea de acción de la compañía. Aunque la tecnología era incipiente y la mayoría de las empresas desarrolladoras ni la conocían, ganaba terreno. Contaba siempre con respaldo del equipo desde la central de *Day* en Los Ángeles y su sede principal en Basel, Suiza. Yo consultaba por teléfono las dudas o bien ayudaba resolver algún problema en otro proyecto de otro compañero.

El fundador de *Day*, David Nüescheler, que fue el creador de la tecnología que usábamos, estaba solo a una llamada o a un correo electrónico de distancia para contestar cualquier inquietud. Era un tipo afable, siempre accesible, generoso para compartir lo que sabía y muy inspirador en cuanto a la búsqueda de nuevas alternativas. Típico suizo, tenía una personalidad conciliadora, serena pero muy centrada en los objetivos. En aquel momento tenía unos 25 años y su entusiasmo era compartido por todo el equipo. A pesar de que prácticamente teníamos la misma edad, lo considero como otro de los grandes maestros que me ha dado la vida.

Yo estaba resuelto a aprovechar cada semana, mes y año de ventaja que pudiera lograr en el aprendizaje de *JavaScript*, *Java* y *HTML* antes de que se convirtieran en la tecnología dominante, como en efecto ocurrió.

Al cabo de tres años me había convertido en uno de los capacitadores para los empleados de nuevo ingreso, a la vez que continuaba desarrollando proyectos. Seguramente mis expectativas habían crecido pero posiblemente no supe canalizarlas. Esto me llevó a una cierta acumulación

---

[51] *Users Experience*: experiencia de usuario. Estudio de la forma en que una persona interactúa con un sistema, la satisfacción y funcionalidad resultante.

de descontento que debí comunicar asertivamente para resolverlo, pero no lo hice.

Como instructor de personal siempre compartí cuanto sabía, mis experiencias, aciertos, errores, de forma cooperativa. Sin embargo, comencé a percibir que a algunas personas, que entraron mucho después de mí, les asignaban proyectos más importantes. Quizá en realidad solo eran celos profesionales y mi afán de crecimiento, pero no pude evitar sentirme de alguna manera relegado. No estoy señalando a nadie y mucho quejándome de una firma que me abrió tantas perspectivas, que me generó tanto aprendizaje y me proveyó de experiencias invaluables. Debí ser más maduro, poner en práctica la asertividad y pedir que me incluyeran en tal o cual proyecto. Uno nunca debe quedarse callado, ya sea por miedo o por enojo, pero en aquel momento le huí a enfrentar el asunto. Decidí irme.

Entre las ideas que giraban en mi mente estaba que si yo poseía un nivel de capacidad que me permitía enseñar, si había ganado un cúmulo de conocimientos a base de constancia y si no me sentía contento con la dinámica que estaban tomando las cosas, era el momento de independizarme. Trabajaba casi 20 horas diarias y no había tomado vacaciones. Creo que debí exponer con sinceridad mi situación, Bueno, de hecho sí pedí una semana libre, pero si sentía desacuerdo con ciertas cosas, debí expresarlo y escuchar las posibles razones. Pero no lo hice.

Afortunadamente, mi padre y mis hermanos siempre me enseñaron, con sus palabras y ejemplos que uno nunca debe irse peleando de un empleo, porque la vida da muchas vueltas. Tarde o temprano vuelves a encontrarte con las mismas personas. Si te peleaste o, peor aún, si ofendiste con alguna palabra, se pueden convertir en barreras. Me armé de paciencia, tracé un plan de salida y lo llevé a cabo.

Repasé aquellos aspectos técnicos que aún no dominaba del todo, analicé las posibilidades que tenía de poder encontrar otro empleo o de crear mi propia compañía, calculé el capital que podía necesitar para sobrevivir mientras mi plan se concretaba.

La factibilidad de hallar otro empleo era alta pero intenté visualizarme en ese nuevo trabajo dentro de 4 o 5 años y me di cuenta de la probabilidad de volver a caer en la misma situación por la que estaba pasando actualmente. En todo caso, mejor sería quedarme donde estaba, pero tampoco era una opción. Así fue como decidí crear mi propia empresa, para tomar una responsabilidad directa sobre mis acciones y futuro. Si me salía todo bien, tendría un mérito del cual alegrarme. Y si me salía mal, no tenía oportunidad de buscar a quien culpar, más que a mí mismo.

Aparte del auto, del pago de la casa y el dinero que daba a mis padres, no tenía mayores gastos. Me puse a leer libros de administración y emprendimiento. Todos coincidían en que al crear tu propia compañía debía disponer de fondos suficientes para sobrevivir al menos seis meses sin ingresos. Incrementé mis ahorros para cubrir esos seis meses que sugerían aquellas lecturas.

Analicé los factores a favor y en contra de independizarme. He aprendido que uno nunca debe decir "nunca", sobre todo si se trata de trazarse metas en la vida, incluso aquellas que parezcan "imposibles". La afirmación "yo puedo hacerlo" puede sonar pretenciosa, pero el decir "yo no puedo" es una condena perpetua a quedarse anclado en el pasado, resignado a las circunstancias.

En noviembre de 2003 presenté mi renuncia a *Day*. Les agradecí la oportunidad que me habían brindado, un valioso tiempo de aprendizaje, crecimiento y estabilidad económica. Les sorprendió. No esperaban esa decisión. Me dijeron que me quedara, que podía haber oportunidades para mí.

Les dije que planeaba desarrollar mi propia empresa y estaba muy interesado en seguir investigando y desarrollando esa tecnología por mi propia cuenta. Les ofrecí ser un consultor externo independiente, para que me llamaran en caso de necesitar apoyo.

Aquello fue una jugada riesgosa, porque como empleado ganaba 30 dólares por hora y como consultor podía hacer hasta 100 dólares por hora, aunque obviamente existía la posibilidad de que no me llamaran pues había dejado de formar parte de su organización y sólo contrataban consultores en casos excepcionales por alto volumen de trabajo. En todo caso, quedamos como amigos y a la fecha agradezco la enorme ventana de oportunidad que me abrió *Day*.

Sabía que esa decisión era como otro salto desde lo alto de una loma. Podrían ocurrir dos cosas: que me quebrara la cara contra la realidad o que pudiera volar, como el quetzal.

27

MI BELLA GUATEMALA

Meses antes de mi renuncia en *Day Software* pedí una semana de descanso. Fueron las segundas vacaciones que tuve en mi vida.

Mi situación migratoria se había regularizado como residente y tenía oportunidad de poder salir de Estados Unidos y volver sin ningún problema.

Tenía posibilidades de viajar al Caribe o quizá ir a Europa, pero a donde realmente deseaba ir era a Guatemala, mi patria. De alguna manera era como una primera vez, pues yo prácticamente sólo conocía Santa Eulalia, Huehuetenango, una playa de Escuintla y allá a lo lejos, como entre sueños, me acuerdo que mi papá me llevó una vez al zoológico La Aurora, en la capital, cuando yo tenía 7 u 8 años.

Era increíble regresar a la tierra donde nací después de 13 años que parecían una eternidad. Desde que la voz del piloto anunció que estábamos sobrevolando el territorio de Guatemala sentía ganas de llorar y, de hecho, lloré al ver esas hermosas montañas desde el cielo, esa geografía mágica y misteriosa, los volcanes, los caminos, los pueblos.

Las emociones se sucedieron una tras otra en cada lugar. Nunca había estado frente a la majestuosa belleza de la Antigua Guatemala; nunca me había encontrado al pie del sereno volcán de Agua; nunca había admirado el cielo convertido en las aguas del lago de Atitlán, con sus volcanes guardianes; nunca me había olvidado de la sonrisa de mis hermanos mayas y ahora volvía a verlos, con su incansable espíritu de trabajo y esfuerzo.

Por un lado era un completo extranjero. Hasta contraté a un guía de turismo para que me llevara a lugares interesantes, pero sinceramente me sentía, me siento y me sentiré por siempre un guatemalteco más. Los rostros son familiares, las sonrisas de cada mercado del país son las de mi pueblo, el colorido de los trajes mayas era el de los güipiles de mi madre, el trabajo tesonero de tantos campesinos era el de mi padre.

Precisamente por eso me dolió ver, en aquel 2003, tanta pobreza, tantos niños pidiendo dinero por la calle, tantísima basura tirada en los puntos turísticos, bosques incendiados, barrancos verdes usados como botaderos. Fue un duro golpe descubrir—ya con ojos de adulto—tanta desigualdad, tanto rezago en el desarrollo, tanta contaminación en los ríos, tantas noticias de corrupción y desfalcos en el Gobierno.

Aún así, vi oportunidades para emprender cambios; noté el desarrollo que se había dado también en otras áreas y sobre todo encontré rostros de jóvenes que reflejaban un notorio afán de emprendimiento y grandes metas.

Por supuesto que no podía dejar de ir a Huehuetenango. Tomamos el camino de ascenso hacia Santa Eulalia. Atravesamos la planicie de La Capellanía, pasamos entre las gigantescas piedras de Kab Tzin que marcan el descenso hacia el valle de San Juan Ixcoy; después viene San Pedro Soloma y así, entre subidas y bajadas de las montañas, llegamos a mi pueblo querido.

Reconocí rostros familiares ya marcados por el tiempo. El profesor Victoriano seguía en la escuela compartiendo sus conocimientos con los niños.

Me decepcioné un poco al no encontrar muchas de las casas tradicionales ni varias de las llanuras donde corrí, jugué fútbol y fui muy feliz. Ese pausado progreso las había devorado. Ahora tenían construcciones nuevas de 2, 4, 5 pisos por efecto del envío de remesas de migrantes desde Estados Unidos. También encontré mejoras como calles pavimentadas, más población, más transporte—es decir, había un progreso que quizá era lento, pero después de 13 años lejos, eran cambios innegables.

Observé con esperanza los amaneceres radiantes que tanto anhelaba. Disfruté de la lluvia de la tarde y de la neblina juguetona de los amaneceres. Volví a escuchar ese timbre tan especial e incomparable de las marimbas construidas en Santa Eulalia con aquellas melodías, sencillas, repetitivas, consistentes y fascinantes que tanto disfruta mi padre en grabaciones caseras de discos compactos. La campana de la iglesia católica del pueblo sonaba cada hora de día y de noche, como si el tiempo no hubiera pasado.

Recorrí las habitaciones de nuestra vieja casa, que tenían otras entradas y cuartos adicionales. Visité la vivienda de Nancultac en donde nací y admirablemente, ahí estaba con sus paredes blancas y techo de laminas oxidadas, rodeada de milpas. Intenté buscar entre tanta plantación el árbol donde, según me dijeron, colgaron mi ombligo, pero no lo hallé.

Regresé a Estados Unidos totalmente deslumbrado por la riqueza de Guatemala; pero también sorprendido de los niveles de pobreza. Mi admiración para el espíritu emprendedor de los guatemaltecos, a pesar de tanta adversidad. Eso conquistó mi atención. Gente que comienza desde una pequeña venta callejera de comida o con un viejo microbús a prestar servicio de transporte. Luchan por sobreponerse a la situación difícil.

Esos días me sirvieron para terminar de reconocer que era necesario hacer grandes cambios en mi vida profesional, así que en aquel viaje se reafirmó en mí un propósito: era el momento de comenzar mi propia compañía.

28

XUMAK

En febrero de 2004 fundé XumaK, *LLC*[52], empresa de desarrollos digitales para mercadeo de Internet y arquitectura de sitios *web*. Su equipo laboral inicial estaba integrado por exactamente un empleado, que era yo.

Hice todos los trámites de inscripción comercial y legal. No tenía sede física. No la necesitaba. Me instalé temporalmente en Los Ángeles, en la casa de mi hermano mayor, Andrés, donde vivía toda la familia. Dormía en la misma habitación en la cual trabajaba durante el día.

La palabra XumaK significa florecer en q'anjob'al. Ese nombre surgió de una fusión entre el corazón y la razón. Debía significar algo con lo cual me identificara profundamente, pero que a la vez fuera viable como marca.

Siempre me he sentido orgulloso de mi cultura q'anjob'al y de mi idioma materno. Ya que iba a fundar una compañía tecnológica enfocada en

---

[52] *Limited Liability Company* o Compañía de Responsabilidad Limitada, que es una figura legal de Estados Unidos para manejo de empresas de un solo propietario, muy usada en empresas tecnológicas.

el futuro, quería reafirmar la riqueza de mis raíces mayas, puesto que esta civilización tuvo en su momento amplios logros en astronomía, arquitectura y matemática, únicos en su tipo, incluyendo la noción del cero.

Pero no crean ustedes que todos experimentan esa satisfacción de ser mayas.

Tristemente conocí a parientes y amigos en Estados Unidos que se sentían avergonzados de ser q'anjob'ales. Hacían de todo para aparentar que no provenían de Huehuetenango: se teñían el pelo, se cambiaban los apellidos, evitaban encontrarse o hablar con personas de su comunidad de origen y a veces hasta renegaban de su familia.

Es triste darse cuenta de que hay quienes pierden la brújula cuando los impacta el influjo cultural del norte o de cualquier "éxito". Quizá es inseguridad, quizá es un complejo de inferioridad, tal vez sea el miedo al rechazo. En nuestra familia siempre se nos enseñó que nuestra identidad es nuestra fortaleza, es la base de lo que somos. Renegar de ella es ser malagradecidos.

Y digo esto porque fui testigo de un caso que me indignó.

Algunas empresas efectúan ocasionalmente eventos sociales para que sus colaboradores y familiares interactúen. En esta ocasión, una empresa había efectuado una pequeña fiesta de empleados en el parque Griffith en la cual el detalle especial era que cada trabajador debía llevar a su mamá como invitada para que todos la conocieran. Yo no trabajaba para esa empresa, pero una paisana sí; ahora verán lo que ocurrió.

Casualmente, ese día mi familia y yo íbamos de día de campo al mismo parque. A unos metros del lugar donde nosotros íbamos a tener nuestra barbacoa, mi mamá reconoció a una amiga, también q'anjob'al, que estaba sentada sola en una banca. Se acercó a saludarla y se pusieron a conversar. La señora, que no hablaba muy bien el español, le contó a mamá que su hija—empleada de la empresa que hacía la actividad al otro lado del parque—le había dicho que la esperara allí, porque posiblemente no encajaría en el evento ya que se necesitaba "hablar inglés".

Yo entendí perfectamente que esta muchacha había dejado allí a la señora por vergüenza de su condición humilde e indígena. No quería que sus compañeros de trabajo, entre los cuales había americanos y de otras nacionalidades, vieran a su mamá.

Eso me partió el corazón, pero a la vez me indignó. Me quedé esperando a aquella joven y cuando vi que venía, me acerqué para decirle, muy molesto, que sí debería avergonzarse pero por negar a su familia, que aquella era una acción incorrecta y que debería valorar sus raíces.

Yo, por mi parte reflexioné y me prometí que cuando llegara a tener éxito, nunca negaría mi origen ni mi cultura ni a mi gente. No lo hice antes, no lo hago ahora ni lo haré nunca. Estaba convencido de que mi emprendimiento iba a triunfar. Por lo tanto, me aseguré de recordar siempre mis raíces al ponerle un nombre en q'anjob'al a la empresa.

Le pedí consejo a mi hermano mayor Andrés, el sabio de la familia, sobre el nombre que debía ponerle a la empresa, en nuestro idioma materno. Debía ser corto pero significativo y encajar con la terminación *.com*, así que consideramos un montón de palabras como por ejemplo *waikan* = estrellas o *konob* = pueblo.

Fueron muchas las palabras que anotamos en varias listas. Las pegamos en la pared para mirarlas.

Finalmente nos encontramos con el término XumaK, que significa florecer. Su sonido era fuerte y su significado, hermoso; también tenía muchas posibilidades gráficas para un logo. XumaK.com, suena *cool*. A la vez, todo aquel significado era la perfecta representación de mi oportunidad de vida. Era como plantar una semilla, cuidarla para que creciera y luego verla florecer.

Existía una ventaja adicional: usar una palabra en q'anjob'al facilitaba cuestiones de registro de marca, pues no había compañías con nombre en este idioma en EE. UU., lo cual ya marcaba diferencia respecto de otras empresas del ramo.

Con una *laptop* y muchas ideas comenzó la promoción de los servicios de la nueva XumaK.com. Mis expectativas eran muy altas, era el tiempo de soñar en grande, crecer, ofrecer un buen servicio.

Perder el miedo a equivocarse constituye un valioso activo para cualquier persona, porque permite intentar cosas nuevas, lanzarse detrás de grandes objetivos, idear innovaciones y aspectos diferenciadores que pueden volverse ventajas en cualquier campo de trabajo. Y si el intento fracasara, eso también iba ser un aprendizaje, aunque en muchas ocasiones la mentalidad de éxito es clave.

Yo no tenía clientes, no tenía dinero para invertir en publicidad, no tenía oficina. Había un montón de "no tengo" pero en igual proporción me abundaba la convicción de trabajar y triunfar.

En 2004 ya no era cuestión de ir caminando de oficina en oficina vendiendo las ventajas de la naciente compañía; la clave radicaba en promocionar a través de medios digitales el servicio de diseño integral de sitios *web* y redes informáticas, internas o externas de empresas.

Lo hice de forma diligente y optimista desde los primeros días. Así transcurrió el primer mes sin una sola llamada ni mensaje. Es lo normal, me dije.

Yo me establecía un estricto horario de trabajo, como si estuviera empleado en una compañía que no era la mía. Utilizaba ese tiempo en leer biografías de grandes emprendedores, manuales de administración, textos de motivación, diseño, liderazgo, psicología, relaciones humanas y siempre me mantenía pendiente de las tendencias de sitios y diseño en la *web*. Transcurrió el segundo mes y nada.

No estaba angustiado, porque aquello era perfectamente comprensible para una compañía nueva. Además, me mantenía practicando mis habilidades de programación, experimentando funcionalidades, escribiendo códigos para ejecutar determinadas acciones a fin de ofrecer verdaderas novedades a quien me contratara. De hecho, para aprovechar el conocimiento y a la vez hacer un aporte positivo, desarrollé gratuitamente algunos sitios para entidades benéficas, que no podían pagar aquel tipo de servicio. Así ayudaba a causas solidarias, ellos se auxiliaban y yo seguía aprendiendo. Como decíamos en las épocas de cultivo allá en Huehuetenango: "Me concentré en mantener mi machete bien afilado".

¿En realidad fue una buena idea?, me preguntaba cuando pasaron cuatro meses sin clientes y mi reserva de dinero seguía bajando.

Por supuesto que me cuestioné si no era preferible volver a buscar trabajo en una compañía grande, asegurar un salario y dejar para después esa idea de un negocio propio—pero era mas grande mi determinación de crear mi propia oportunidad y seguí mi visión de tener mi propia empresa.

Llegó el quinto mes en blanco. No quería darme por vencido. Hay emprendedores que tardaron años en poder asentarse y generar ingresos. La pregunta era si podría resistir el tiempo suficiente. Y a mitad del quinto mes...

Una mañana de agosto recibí un correo electrónico. Era de *Day Software*.

Me preguntaban si no estaba muy atareado en mi empresa como para poder desarrollar el proyecto de un cliente que no podían atender en aquel momento debido a que tenían sobrecarga de trabajo y no le podrían prestar el servicio apropiadamente. Dado que yo trabajé con ellos sabían de mi capacidad y me preguntaron si aceptaba que me recomendaran con ese cliente.

—Con mucho gusto. ¡Claro que sí!

Mi sorpresa fue grande al descubrir que el cliente iba ser la cadena de hoteles *Best Western*, que en aquel momento era la mayor compañía hotelera del mundo y todavía hoy figura dentro de las diez más grandes. Ellos necesitaban integrar la plataforma que *Day Software* había creado para su *intranet*, es decir, para su comunicación interna sobre reservaciones, inventarios y funcionamiento. Entonces tenían más de 4 mil establecimientos en todo el mundo. Y cuando digo "todo el mundo" es literal, porque había que poner en conexión incluso hoteles en lugares remotos donde había electricidad, pero la conectividad por Internet era difícil, aun por satélite. Se implementó una conexión terrestre contra aérea-extraterrestre para que se subiera o bajara la información cuando la señal mejoraba, lo cual requería de códigos eficientes y seguros.

Fue todo un reto técnico y de resistencia. Trabajé a dobles turnos, ya que el equipo al que me tocó dirigir estaba al otro lado del mundo, en la India. Cuando aquí en California amanecía, ellos estaban por ir a dormir y viceversa. Ya que era el líder de proyecto, me tocaba asegurar que el trabajo asignado a ellos se desarrollara bien, sin errores. A veces tenían dudas y me tocaba explicarles punto por punto, por teléfono o en línea, lo cual me obligaba a estar despierto hasta la madrugada y hubo días en los que amanecí dando instrucciones. Era agotador, pero no me quejaba, después de tanta espera estaba feliz de tener trabajo. El contrato inicial fue por tres semanas, pero conforme mis nuevos jefes se dieron cuenta de mi interés, dedicación y los avances logrados, el contrato se extendió por 14 meses.

En solo cinco semanas logré reunir el ingreso que no había tenido por 6 meses. Trabajaba con mi laptop desde mi casa cuando no estaba viajando a *Phoenix*, Arizona, en donde la compañía tenía sus oficinas principales.

Quien no tenía oficina era yo, porque trabajaba en aquella habitación de la casa para ahorrarme la renta. Claro que esto tiene sus desventajas porque al estar siempre allí escribiendo en la computadora podía parecer que no estaba haciendo mayor cosa.

No faltaron las ocasiones en que mi mamá me pedía que la llevara en el auto a hacer unas compras o a alguna visita porque aparentemente yo solo estaba conversando por teléfono, pero en realidad estaba dando instrucciones o retroalimentación sobre el proyecto.

No puedo contar todas las interioridades que llevó aquel trabajo, pero sí que me sacó de apuros y me puso repentinamente a la vista de todo el mundo, porque una vez terminado el proyecto, a satisfacción total del cliente, otras empresas grandes les preguntaron quién se los había desarrollado y ellos respondían: XumaK.

Con el paso de los años, los contratos comenzaron a llegar, no solo de Estados Unidos, sino también de Europa. La necesidad de viajar se multiplicó. Mi sueño se hizo realidad.

Comencé a contratar a otros expertos informáticos que trabajaban desde su casa o que se movilizaban hacia el punto donde estaban los clientes. Seguí sin una sede física por varios años, lo cual era una de las ventajas de la industria digital. Si acaso se necesitaba una reunión presencial rentaba una oficina.

Ya para 2008, por diversas razones personales, me había establecido en San Diego. Tenía aun muy pocos empleados, pero ya dábamos atención a clientes en 10 países. Económicamente me iba bien.

Algunos de mis hermanos comenzaron a integrarse como parte del equipo. Podíamos darnos el lujo de tener tarifas altas, por lo cual había empresas que simplemente no podían costear nuestros servicios, pero aquellas que estaban con nosotros tenían garantizado figurar a la vanguardia pues no parábamos de explorar e innovar. Teníamos siete años de ventaja sobre quienes en aquel momento empezaban a pasarse a la plataforma *Java*.

Pero como todos saben, ese año se produjo un dramático hundimiento de la economía estadounidense debido a la burbuja financiera inmobiliaria que se gestó desde años antes, lo cual hizo que muchas compañías redujeran su gasto en publicidad, mercadeo e innovación, tanto en medios tradicionales como en *Internet*.

La teoría dice que en momentos de crisis es cuando más se debe invertir para salir adelante, pero la realidad era incontestable, pues varios clientes cancelaron contratos y nuestros ingresos se desplomaron. En ese 2008 una de las industrias más golpeadas por la depresión económica fue la automovilística y a este sector pertenecían algunos de mis mejores clientes, que, de la noche a la mañana, detuvieron su inversión.

Para mantenerme a flote tuve que vender a precio de remate algunas de las propiedades y vehículos que había adquirido.

La situación llegó a un punto extremo en que me quedé solo con el pequeño apartamento donde vivía, un auto usado y 500 dólares en la cuenta del banco. La debacle me dejó solo dos clientes, de los cuales uno también anunció su partida.

A poco más de cuatro años de su creación y pese a su ascenso exitoso, el repentino declive marcaba la posibilidad de cerrar XumaK. Reconsideré la idea de ir a trabajar nuevamente como empleado.

De hecho, surgió un par de ofertas laborales muy interesantes, en las cuales no tenía que arriesgar ningún capital, que además no tenía, y me aseguraban un buen sueldo. De todos modos, los bancos no estaban dando préstamos y mucho menos para emprendimientos tecnológicos, que eran vistos con cierto recelo.

Analicé las ofertas de trabajo: eran bastante viables, con buena paga y me sacarían del apuro. Quizá era el momento de apostar por la seguridad, por la "estabilidad", guiado por el miedo a perder todo.

Ahora bien, ya casi había perdido todo: casas, autos, ahorros. Solo me quedaba un cliente, una empresa francesa que, gracias a Dios, mantuvo su contrato y en los siguientes meses continuó con sus pagos puntuales por servicio de soporte, el cual se mantenía eficiente y actualizado en tanto XumaK viviera. Reduje la plantilla de empleados al mínimo.

29

UN SUEÑO GUATEMALTECO

La compañía europea a la que le prestábamos servicio de soporte se dedicaba a la distribución de vehículos. Su negocio sobrevivió a la debacle económica global, pero nos puso una condición que debíamos cumplir en pocos meses: que el desarrollo que XumaK elaboraba ya no se hiciera desde Estados Unidos, ya que es un costo que ya no podía sustentar.

Varias empresas tecnológicas habían trasladado su operación principal a una modalidad *off-shore*, así que comencé a explorar opciones.

La más recomendada por el mercado y los asesores financieros era la ciudad de Bangalore, India, en donde se encuentra el llamado Silicon Valley oriental, territorio donde funcionan institutos de investigación, fábricas de computadoras y centros de desarrollo de *software* de diversas compañías. Ya tenía la experiencia de haber trabajado con ellos anteriormente, en proyectos como el de *Best Western*, *DHL* o *Sony*.

El inconveniente es que se encuentra al otro lado del mundo, a 12 o más horas de vuelo desde EE. UU. o cualquier país de América y tendría que estar viajando constantemente. Una cosa era desarrollar algunos proyectos y efectuar ese viaje de cuando en cuando, pero otra totalmente distinta era hacerlo permanentemente desde esa ubicación. Europa era demasiado cara para poder asentar una compañía y solo me quedaba analizar la opción de Latinoamérica. Tal vez Argentina o México, aunque también había estado considerando una opción adicional.

Nadie me la recomendaba.

Al contrario, me advertían fuertemente que era una locura.

¿Por qué no establecer el centro de operación en Guatemala? Los costos, disponibilidad de personal calificado e incluso los índices de violencia o requisitos legales se veían como serios inconvenientes. Por otro lado, me impulsaba mayormente la ilusión y una convicción personal: nadar contra la corriente, llevar inversión y oportunidades a mi país. ¿Por qué no arrancar la nueva era de XumaK en la tierra donde nací?

Mi madre alguna vez me relató que en alguno de sus sueños me miraba regresar a Guatemala para abrir puertas y brindar esperanza, que estaba vestido con mi *capixay* de niño, pero que de pronto ya no era un niño. Había dificultades, espinas, pasos peligrosos en el camino. Yo le decía que no entendía a qué se refería o que no veía la forma en la cual podría llegar a cumplir aquellas previsiones; que en todo caso mejor no me contara más porque deseaba descubrir la vida por mí mismo.

Los factores adversos abundaban. El primero es que no conocía a nadie en Guatemala. No tenía idea sobre lo que me podía costar un alquiler para instalar oficinas. Ignoraba totalmente las posibilidades reales de encontrar personal capacitado. Asesores financieros me advirtieron muy objetiva y enfáticamente que India era la mejor opción. Aún así podía más el sueño y llegué a justificarlo pensando que si deseaba tener un resultado distinto a otras compañías de la competencia debía empezar por hacer algo verdaderamente diferente en la mía.

Cuando estuve de visita, cinco años atrás, mi tío tenía un negocio en Guatemala en el cual quiso invertir para colocarle puertas automatizadas. Me preguntó si podía ayudarle. Para ello localizamos expertos que manejaban programación y también instalaciones electrónicas.

Los técnicos de la empresa que nos prestó el servicio no solo fueron muy eficientes, sino que sabían "un poco de muchas cosas", algo que en Estados Unidos no es usual porque allá se maneja más la especialización. La gente en Guatemala tiene que ingeniárselas para ser buena en diversas habilidades y esa es otra gran clave de su talento y versatilidad.

Había pasado el tiempo, pero mantuvimos el contacto con esos expertos y les escribí para consultarles sobre las ubicaciones más recomendables para una empresa estadounidense que quisiera establecerse, tomando en cuenta factores como accesibilidad, conectividad, seguridad. Hice otros contactos para poder preparar el aterrizaje de XumaK en Guatemala. No resultó nada fácil, ocurrieron mil y un inconvenientes.

Necesitaba ingenieros informáticos y programadores que fueran disciplinados, creativos y acostumbrados a laborar bajo presión. Opté por publicar un clasificado de empleo en *Prensa Libre*, el cual era en sí mismo una selección de personal porque, no solo estaba en inglés, sino que contenía todo un código técnico.

El título era "*Java developer*". Pedía al menos 4 años de experiencia en los siguientes campos: "*Web based J2EE, expertise with OOAD and fluency in Java and JSP, strong understanding of an application server like BEA Weblogic, IBM Websphere, Tomcat, JBOSS, etc. Expertise with XML technologies (AJAX a+), expertise with RDBMS like Oracle, MS SLQ, MySQL; with excellent knowledge of*

SQL, must be familiar with: HTML, JavaScript/Jscripts, CSS, PHP, ASP.Net, Visual Basic, C#, SSL".

Required: Bilingual, spanish & english. Send resumes to: jobs@xumak.com

Renté una sala de juntas en un hotel de la zona 10 de la capital para efectuar las entrevistas. La gente escribió y programé las citas. Me sorprendió la enorme cantidad de aspirantes. Al revisar los perfiles y escuchar los grandes objetivos que poseían me volví a convencer del gran potencial de Guatemala. Se notaba el entusiasmo, la capacidad y el afán de superación.

XumaK abrió sus puertas en Guatemala en octubre de 2008. Fue una feliz coincidencia —o una gran señal positiva— que ello ocurriera en el mismo mes en que yo nací. De hecho, las semanas previas acarrearon una seguidilla de sensaciones y descubrimientos, comenzando por el clima primaveral de Guatemala, los sabores de sus comidas tradicionales, la exploración de posibles ubicaciones para la sede de la empresa, que por fin tendría un centro de operaciones concentrado físicamente.

Nos decidimos por un espacio en un edificio de oficinas llamado Europlaza, en la exclusiva zona 14 capitalina, donde tienen su sede numerosas embajadas y compañías.

Comencé a prestar el servicio con una plantilla de ocho personas. A pesar de las previsiones pesimistas de los asesores, la apuesta resultó positiva porque la macroeconomía jugó a favor nuestro: la empresa francesa me pagaba en euros y en aquel momento la moneda europea estaba muy fuerte frente al dólar. De hecho, 2008 fue el año en que más fuerte se cotizó: por cada euro recibía 1.40 de dólar. Y luego en Guatemala, me daban hasta Q7.50 por dólar, por lo cual el ingreso de alguna manera se multiplicaba.

Paulatinamente la economía global se recuperó y comenzaron a llegar antiguos y nuevos clientes. Yo seguía residiendo en San Diego, desde donde dirigía la operación, me entrevistaba con clientes por videoconferencia, *chat* o teléfono y salía de viaje hacia cualquier país en donde se necesitara supervisar el desarrollo de algún proyecto.

Los clientes, acostumbrados al alto rendimiento y satisfechos por nuestro servicio, siempre se sorprendían cuando les decía que la sede central de la operación estaba en Guatemala. Al principio no lo creían, pero después se interesaron incluso por llegar a conocer las oficinas.

Siempre ha sido un motivo de satisfacción, alegría y orgullo, que tantas personas de grandes compañías terminen diciendo lo genial, lo capaz y lo trabajadora que es la gente de mi país. Personalmente me he sentido satisfecho de brindar oportunidades a jóvenes ingenieros para desarrollar sus conocimientos con salarios competitivos para que puedan lograr su sueño sin salir de Guatemala.

Tuvimos tantas vivencias, retos y logros. En una ocasión nos llegó un caso de emergencia de una empresa que vendía computadoras y que estaba perdiendo millones de dólares a diario debido a un fallo con su sitio de ventas por Internet.

El problema consistía en que al momento en que ciertos usuarios compraban una *laptop* en línea, el sistema les enviaba dos. Se enteraron hasta que un cliente se comunicó con ellos para devolverles una. Al verificar sus envíos descubrieron que a veces un mismo pago se registraba doble, lo cual no era real. Muchísimos clientes no devolvieron las máquinas, pero no había forma de reclamárselas pues no sabían bien quiénes habían recibido dos por error. Era un tremendo problema que podía llevarlos a la quiebra.

Nos llamaron para arreglarlo, pero para eso había que meterse dentro de la arquitectura de su sistema. Con todo el equipo nos empeñamos en resolverlo y personalmente me tocó pasar como tres días sin ver la luz del sol, medio comiendo, durmiendo dos horas y 45 minutos.

A veces las empresas tienen una arquitectura de *software* de tecnología anterior o de programas expuestos a errores, que les han costado millones de dólares y no quieren cambiarlas.

Nosotros, en XumaK les reclasificamos su información, creamos nuevos algoritmos matemáticos para replantear cómo organiza, almacena y recupera sus datos. A menudo tenemos que reeducar a las personas y a las empresas, aunque en algunos casos el cambio es casi traumático, pero la mayoría de compañías están dispuestas a renovarse, o se ven obligadas a ello por la competencia, que no perdona errores.

Se nos hizo pequeño el espacio inicial de la oficina y necesitaba contratar más programadores. En el edificio existía un cupo máximo por el alquiler. Al pasar de 8 empleados nos cobraban US$500 dólares mensuales por persona adicional, así que al crecer me salía más caro el costo de operación total, por lo cual empecé a buscar un nuevo espacio. Pensé que una casa sería más versátil para el propósito de expansión. Encontramos una en la misma zona con espacio potencial hasta para 50 puestos de trabajo. ¿No será demasiado?

Con mucha esperanza la alquilé. Era mediados de 2009 y en aquel momento solo tenía 10 trabajadores, pero también mucha confianza en seguir creciendo.

Así fue.

Pasamos a tener 15 programadores, luego 25 y llegamos a los 50. Era una casa repleta de gente, de trabajo, de talento.

Mientras estábamos allí pasábamos alguna incomodidad debido a la cantidad de mobiliario y equipo. Recordé los años de *Day Software* en que todo mundo laboraba febrilmente, con calor, amontonados entre cables, letreros, tazas de café y conversaciones de cubículo a cubículo, mientras otros se concentran con la música de sus audífonos: el paraíso *geek*.

No todo era tan perfecto porque teníamos problemas logísticos como el parqueo: a veces los vecinos se quejaban porque no tenían en donde estacionarse, aunque cabe hacer notar que para el condominio en donde se localizaba la casa, los ingresos se multiplicaron, dado que cobraba una renta por cada espacio de estacionamiento. Con todo y los inconvenientes, estuvimos en esa casa dos años.

Seguimos creciendo y en 2011 empecé a buscar un espacio más amplio en un edificio en donde pudiéramos rentar todo un nivel. Por increíble que parezca, no fue fácil de hallar en edificios ya existentes o en construcciones nuevas.

Es decir, sitios había, pero no ofrecían las condiciones necesarias de conectividad de Internet, la instalación eléctrica del voltaje adecuado o las facilidades para colocar el cableado de computadoras. En otros no había suficiente estacionamiento o sencillamente estaban en zonas poco atractivas para el comercio. Pero lo más importante es que queríamos ubicar a XumaK en un lugar digno. Y no era vanidad, sino cuestión de proyectar una imagen empresarial de excelencia. Los clientes nos querían visitar para asegurar su inversión; provenían de importantes ciudades de Estados Unidos y Europa: debían encontrar oficinas modernas, versátiles, que reflejaran nuestra convicción por el éxito. Aquello era posible y necesario porque si había tanta calidad humana y profesional en Guatemala, XumaK debía estar instalada en un sitio acorde a ese nivel de competitividad global.

Para entonces nuestra cartera de clientes abarcaba ya casi 20 países y con frecuencia querían venir a observarnos en acción. Por supuesto que aprovechábamos para mostrarles las bellezas de Guatemala y los llevábamos de paseo a la señorial Antigua Guatemala, al deslumbrante lago de Atitlán o al majestuoso Tikal.

Además, siempre tuve una convicción muy fuerte respecto de dignificar la tarea del personal que se dedica a la programación, pues por experiencia vi que muchas empresas confinaban a este departamento a un sótano, una bodega o en espacios sobrantes.

Si un bufete de abogados, una oficina de relaciones públicas o una firma de constructores instalan sus oficinas en lugares atractivos, *fashion*, con muebles modernos y ambiente motivador, ¿por qué no los iba a merecer el talento humano de una empresa de computación?

En mayo de 2011 fueron terminadas dos torres de edificios llamadas *Design Center*, en la zona 10 de la ciudad; un área con amplios servicios de hotelería y muchas oficinas de negocios nacionales a internacionales. Dichas torres estaban destinadas sobre todo a albergar compañías de bienes y servicios en áreas creativas como el diseño, la arquitectura y la ingeniería. XumaK es tecnología e innovación, por lo cual nos quedó como anillo al dedo porque pudimos tomar todo el piso 14. Solo había dos espacios de ese tamaño en la construcción, eran dos *penthouse*s. El otro estaba en el nivel 15.

Era mucho más caro que en otros niveles, sin embargo, decidí tomarlo y adaptarlo de acuerdo con nuestras necesidades de infraestructura, comodidad e imagen corporativa, pero sobre todo para dignificar el trabajo informático, que a menudo se asocia con atmósferas lúgubres, cuartos escondidos o ambiente *underground*.

Se privilegiaron los espacios abiertos, con unos cuantos muros de vidrio para estar todos a la vista de todos, a fin de facilitar la comunicación y el movimiento. Tiene vistas preciosas hacia los cuatro puntos cardinales y una ubicación relativamente próxima al aeropuerto internacional y a la principal zona hotelera y de negocios. Es como si, por alguna razón misteriosa, sobre este punto se hubiera trazado, mucho antes que existiera este edificio, un lugar de confluencia, de encuentro, con proyección al futuro. Es curioso: tenía 14 años cuando llegué a Estados Unidos y ahora que por primera vez tenemos una sede creada específicamente para XumaK está en el piso 14.

El nuevo espacio propio era idóneo y emblemático, pero siempre tuve claro que la clave de nuestro éxito no solo era una oficina *fancy*. Desde las primeras entrevistas y a lo largo de todos estos años sigo confirmando que el mayor tesoro de Guatemala es la inteligencia y el emprendimiento de sus habitantes. Al comienzo fue difícil encontrar jóvenes egresados de ingeniería en computación y sistemas, pero con el tiempo hay cada vez más estudiantes que le pierden el miedo a las ciencias y las matemáticas.

Ciertamente, persisten las deficiencias escolares en la formación de disciplinas científicas en el país, aunque también en el desarrollo del pensamiento lógico. Es un problema con varias raíces, una de las cuales radica en la docencia pero también hay herencias de miedo que se pasan a nuevas generaciones.

Me explico: he platicado con personas mayores —muchos ya padres de familia— y me dicen que le temen a las matemáticas, la física o las ciencias en general, debido a experiencias traumáticas que tuvieron cuando eran estudiantes, pero ahora externan esa aprensión en frente de sus hijos. Debido a ello, niños y adolescentes le tienen pavor o incluso fobia a la matemática, la física o el cálculo integral —sin siquiera haberlas conocido— . Asocian esas áreas con ansiedad, miedo, profesores enojones, clases difíciles y problemas imposibles de resolver, cuando, en realidad, en la comprensión de tales cálculos y operaciones está la raíz de muchas soluciones para la vida, entre ellas una bastante demandada: tener un trabajo agradable, creativo y muy bien pagado.

Al conversar con cada aspirante a trabajar en XumaK identifiqué que una universidad llamada Galileo tenía programas de formación innovadores, efectivos, en un tiempo relativamente corto, con principios avanzados de programación lo suficientemente flexibles como para permitir la inventiva.

Llegaron también de otras casas de estudio. Todos los nuevos empleados pudieron conocer nuestra metodología de trabajo digital y se desarrollaron como expertos en nuestra tecnología. Para 2011, *Java* había ganado más popularidad en el mundo y XumaK le llevaba a la competencia más de siete años de ventaja.

No puedo revelar los nombres de diversos clientes pasados y actuales por cláusulas de discreción industrial, pero sí puedo contar que se trata de compañías de Europa y EE. UU. que figuran en el Top 500 de la revista *Fortune*. Aumentamos nuestra cartera de servicio a empresas en mas de 25 países alrededor del mundo y llegamos a tener centros de operación en EE. UU, Guatemala y Colombia.

Curiosamente, he de decir que XumaK no tuvo una oficina administrativa en territorio estadounidense sino hasta 2011 cuando se instaló un espacio de operación en Ontario, California. Así también se creó en 2018 una sede permanente en Miami, Florida.

Dentro de nuestro personal contraté también a programadores estadounidenses con el requisito que debían estar dispuestos a viajar a Guatemala para trabajar con el resto del equipo radicado allí. Aunque al comienzo era un requerimiento, la mayoría se enamoró rápidamente del país, de su clima y su gente; descubrieron una nación llena de personas amables, brillantes, creativas; grandes amigos, inspirados profesionales e incansables luchadores.

No han faltado los altibajos, momentos en que la competencia digital se hace feroz, pero es cuando el espíritu de innovación se torna decisivo. Lo alegre es que podemos seguir generando oportunidades laborales tecnológicas para profesionales guatemaltecos que antes no las tenían. Mi gran sueño sigue siendo que los niños y jóvenes no tengan que pasar por las penurias que pasó mi generación. Que para salir adelante ninguno tenga que marcharse, ni despertar en la hostilidad de un suelo ajeno. Que para cumplir sus sueños no se deban separar las familias, así como alguna vez tuvo que separarse la mía.

30

UN ÁNGEL ENTRE LAS ESTRELLAS

Para todo sueño siempre hay un despertar. Para toda decisión que se toma en la vida existe un costo. Uno puede tomar responsablemente todas las decisiones necesarias, pero ello no significa que no llegue el momento en que te cuestionas si fue lo adecuado. Claro, aún así hay que seguir adelante y mantener los valores en alto.

Para la Navidad de 2015 yo estaba radicado en Miami, Florida, y no pude reunirme con mis hermanos y sobrinos en la casa de mis padres, en Los Ángeles. Tenía un cúmulo de trabajo intenso, constante, demandante y con una gripe que me tenía en cama y sin energía de viajar. Así que no pude ir a compartir la cena de Nochebuena como lo solía hacer cada año.

Tres meses después, mi mamá falleció.

Durante el último año, ella había padecido varios episodios de dificultad respiratoria, una especie de asma. Muy probablemente a causa de haber cocinado durante tantos años con leña y carbón en espacios cerrados, en Guatemala, se le había desarrollado un cuadro de enfermedad obstructiva pulmonar crónica, que le fue debidamente diagnosticado y tratado. Sabíamos que era un padecimiento que no se podía revertir, pero al menos sí atenuar. Le dimos todos los cuidados médicos posibles.

Ella no perdió la fe ni el ánimo. Tan solo se recuperaba un poco y estaba de vuelta en sus ocupaciones normales. Cocinaba, asistía a la iglesia, conversaba con sus amigas. Su mayor fortaleza era su amor hacia nosotros. Además, siempre me insistía en que no me agobiara pensando en su caso, que no me preocupara, que trabajara con muchas ganas porque aún había sueños pendientes de los que ella había tenido.

—¿Quieres que te los cuente?

—No —le decía yo.

El 5 de octubre de 2015, lo recuerdo muy bien, como si fuera ayer, mi hermana Eulalia me avisó en un mensaje de texto que a mi mamá le habían detectado cáncer. Yo estaba en un vuelo de regreso de Los Ángeles a Miami, justo después de haber celebrado los cumpleaños de mamá y el mío, coincidentes en fecha: el 4 de octubre. Ella no se había sentido bien en los últimos días y se le practicaron unos exámenes. Aquel lunes entregaron los resultados. No pare de llorar en todo el resto del vuelo. Quería regresarme inmediatamente y no podía. Las nubes vistas desde la altura no causaban sino más lágrimas.

Los cuidados médicos abarcaron las 24 horas. Todos mis hermanos permanecían noche y día pendientes de ella, lo mismo que mi papá. Él siempre le daba palabras de ánimo. Viajé cuantas veces pude a Los Ángeles para verla, conversar con ella o simplemente vigilar su sueño. Lamentablemente no pude hacerlo en Navidad, una fecha tan emblemática. En enero hubo oportunidad de llegar a la casa y lo hice.

En febrero ella sufrió una fuerte recaída que ameritó su hospitalización. Le suministraron oxígeno y medicamentos para poder superar la crisis. Estuvo internada por casi cuatro semanas. Comenzó marzo y tuvo una nueva recaída que la mantenía prácticamente inconsciente. Realmente respiraba con dificultad y nosotros sufríamos junto con ella. Por breves momentos despertaba y nos miraba muy suavemente, pero llegó el momento en que los médicos nos dijeron que no había nada más por hacer, que nos recomendaban llevarla a casa para despedirla dignamente, rodeada de todo nuestro cariño, con tranquilidad y paz.

Sus fuerzas habían mermado tanto. La sacamos del hospital con todos los cuidados. La trasladamos en una ambulancia sin sirena. Iba inconsciente, pero sabíamos que ella percibía nuestro cariño y que anhelaba volver a estar en la calidez de su casa.

En aquel trayecto por las autopistas de Los Ángeles se agolpaban en mi mente todas las razones por las cuales queríamos darle las gracias, comenzando por habernos llevado en su vientre, amamantarnos, cuidarnos y darnos de comer. Lucín Cuxin, mi madre, se sacrificó tanto por nosotros en Santa Eulalia y también en la dura rutina de Los Ángeles desde que llegamos, 26 años atrás. Gracias, mamá.

Consiguió trabajo en una factoría de ropa distinta a aquella donde trabajaban mi papá y mis hermanos; aunque eran más de 15 calles las que debía recorrer, ella prefería ir y regresar diariamente a pie, para ahorrar los 7 dólares del bus. Así lo hizo por semanas, meses, años. Nosotros, los hijos, no estábamos enterados de ese esfuerzo, que al mes representaba hasta 200 dólares extra para otras necesidades de la casa. Gracias, mamá.

Los domingos, en lugar de descansar, ella salía temprano con los canastos de la ropa de todos nosotros, a la lavandería de monedas *Coin Up* de la avenida Columbia. Todavía me parece verla allí, detrás del cristal, platicando con alguna vecina o leyendo su Biblia, esperando a que saliera una carga de pantalones o camisas, para meter otra a la secadora. La ayudábamos a cargar las bolsas o las canastas de ropa limpia mientras volvíamos a casa justo cuando el sol nos lanzaba sus últimos rayos, en una epopeya cotidiana que no está escrita en los grandes libros de historia ni figurará en las proezas heroicas de la era moderna, pero que sin duda era un capítulo importantísimo de nuestras vidas sencillas, honradas, en un horizonte distante. ¡Gracias mamá!

Siempre fue muy inspirador su ejemplo de superación. Ya grande, ella no sabía leer ni escribir. De niña nunca pudo ir a la escuela debido a la pobreza, a las migraciones internas, porque tenía que cuidar de sus hermanos menores. Sin embargo, en Estados Unidos se inscribió en clases de alfabetización, porque quería mostrarnos que siempre es posible ser mejor y además anhelaba poder leer ella misma su Biblia, porque desde que descubrió la fe cristiana nunca se soltó de la mano de Dios. ¡Gracias Señor por habernos traído a la vida a través de una madre tan bondadosa, luchadora y linda como la nuestra! Bendito seas Señor.

A las 6.23 de la mañana del domingo, 13 de marzo de 2016, en un impulso irrefrenable comienzo a escribir algo que terminaría leyendo tres días después en el funeral de mi mamá. Muchas lágrimas rodaron con cada palabra anotada y luego al releerlas. En aquella mañana aún no sabía que sería la última, no quería que lo fuera.

Comparto este texto que nació en silencio, frente a una ventana en la cual se traslucía la luz del naciente día.

"Veo a mi madre tomar lo que podría ser sus últimos respiros. ¡Duerme profundo Lucín Cuxin! Tu intenso sueño espanta a los malos espíritus que te quieren arrebatar el alma. ¡Ángeles te rodean y te protegen!

Mientras veo a mi madre, pienso en cuánto tengo que agradecerle y cuánto se merece la dicha eterna por sus desvelos, sus sonrisas, sus caricias en nuestras cabezas de niños, sus hijos, y cuántas comidas preparadas con sacrificio y cariño. Su alma se apresta a volar y le decimos: eres libre Mamá. Los ángeles del Cielo se preparan a recibirte, a darte la bienvenida. Ella misma es un ángel que sufrió tanto por dar amor incondicional a su familia y a los que la rodearon. Lo hizo sin una queja, sin tener rencor sino solo esperanza y amor.

¡Gracias, Señor por dejarla unos minutos, unas horas, unos días más junto a nosotros!

Le cuesta respirar ya a mamá. No queremos que se vaya y a la vez queremos que reciba ya esa recompensa, ese descanso que se merece junto a ti, Señor Jesús.

Es seguro que nos preparará un lugar en el Cielo. ¡Arreglará todo muy bien para nosotros! La conocemos muy bien.

Mientras duerme profundo, suena suavemente uno de sus himnos favoritos el cual describe a la Nueva Jerusalén: "Qué bonita eres, calles de oro, mar de cristal. Por esas calles vamos a caminar, calles de oro, mar de cristal".

¡Brotan lágrimas de sus ojos cerrados! No llores, mamita.

Nosotros también lloramos. Discúlpanos porque queremos despedirte de forma serena, para que no sea un adiós sino un hasta pronto.

Sabemos que quieres seguirnos cuidándonos, aconsejándonos, pues nos has puesto primero en tu corazón. Pero hoy tú te vas primero. Vete sin pena que aquí nos cuidamos. Vete sin pena que te quedas viviendo en nuestros corazones.

No sabemos si este amanecer, si este mediodía o este atardecer será el último que compartiremos en esta vida contigo. Dios eterno es el único que sabe cuánto más nos dejará verte respirar.

Descansa sin pena mamita, porque has trabajado lo justo e incluso, de más por nosotros.

Has desafiado muchas veces a la muerte, con valentía, con amor. Durante los meses de tu enfermedad hubo tantas ocasiones en que creíamos que no pasarías la noche y allí estabas otra vez al amanecer.

Ayer, la ciencia pronosticó que no ibas a pasar otra noche con vida, y he aquí el nuevo sol que se levanta y ¡respiras!

Mamá, no hay palabras para describir el dolor de verte sufrir en ese cuerpo frágil cuya situación se deteriora. Como síntoma de tu inevitable partida, al tic tac del reloj, tu piel morena se vuelve más oscura. Nunca olvidaremos esa piel que llevó tanto sol, tanta lluvia… tanto polvo del camino.

¡Ay madre mía!, cuánta alegría nos has regalado. ¡Ay madre mía!, tanta sabiduría nos has impartido. ¡Ay madre mía!, tanto amor nos has dado que con ello nos has obsequiado un pedacito del cielo acá en la tierra.

Mi madre descansa. Su piel aún palpita débilmente. Se pueden contar los segundos que pasan cuando saca el aire en una lenta respiración….

uno,

dos,

tres,

cuatro,

cinco,

seis,

siete

y toma aire otra vez. Mamá, poco a poco se va preparando para emprender lo que sería su último viaje… rumbo a la Santa Eulalia de oro y cristal, rumbo a las montañas de infinito verde, rumbo a las neblinas que de niña quiso agarrar con sus dedos.

¿Te acuerdas mamá, cuántas veces que tomamos el camión para salir del pueblo? ¡Cuántas veces que nos subimos a la camioneta para ir a nuestra aldea Cocolá Grande, a Santa Cruz Barillas, a Santa Eulalia! ¡Cuántas horas caminamos por las veredas! Yo lo recuerdo mamá, y aquí seguirás caminando con nosotros por las veredas de la vida".

El reloj marca la 1:57 de la mañana del lunes 14 de marzo.

Pasaron ya más de 20 horas viendo a mamá en agonía. Repentinamente, Noah, el sobrino de un año, que estaba profundamente dormido en la habitación del lado de donde cuidábamos a mamá, se despierta y comienza a llorar.

Al mismo tiempo, a 4,300 kilómetros de la ciudad de Los Ángeles, en Huehuetenango, Leíto, de dos años, hijo de mi hermano Leonardo, se despierta y llora. Es evidente que ellos presienten que su abuela, quien tanto los ama, está a punto de partir.

Algunos estamos sentados al lado de la cama de mamá, otros descansando en las habitaciones adyacentes. Una de mis cuñadas despierta a los dormidos. Entre el sueño alguien dice : "Juana… tu mamá"; ambas se levantan instantáneamente.

Abdías, nuestro hermano más pequeño, quien había salido a parquear su auto, regresó a toda carrera, movido por un fuerte e inexplicable impulso. Fue en ese momento, que todos los hermanos y hermanas y papá estábamos alrededor del lecho de mamá, tomados de las manos en total paz, cuando ella tomó su último aliento.

Era la 1:58 de la mañana. A los 63 años ella expiró. Todos sentimos el momento en que su espíritu se desprendió de su cuerpo. La manifestación del desprendimiento fue tan profunda y potente que hubo un apagón eléctrico. Pensamos que había sido un fallo de toda la cuadra, pero ocurrió solo en nuestra casa.

Sabíamos que mamá se había ido. Lo hizo de una manera que todos supiéramos que su alma se había librado de todo mal y que ahora volaba libremente entre las estrellas.

¡Te amamos mamita Lucín Cuxin, nuestro eterno Ángel! ¡Descansa en paz! ¡Vuela en paz a las manos de tu Señor a quien tanto amaste toda la vida!

MIGRANTE

31

TODOS SOMOS MARCOS

La Navidad de 2016 fue muy frágil, al borde de las lágrimas, llena de nostalgia y recuerdos. Apenas habían pasado nueve meses desde el fallecimiento de mamá. Planifiqué todo para poder compartir la Nochebuena con mi padre y mis hermanos. La ausencia de ella era patente en nuestros corazones: su voz, su comida, sus consejos, sus historias de las navidades pasadas.

Para mí la nostalgia se acrecentaba al ver su sonrisa bondadosa en el enorme retrato que está colocado justo al entrar a su casa. Pero me sobrepuse a la tristeza porque ese estado de ánimo seguramente no le habría gustado a ella.

El 26 de diciembre decidí regresar a Miami desde Los Ángeles, por tierra. Después de aquella primera Navidad sin mamá Lucía, creo que intentaba encontrar en esa travesía de costa a costa los puntos que unían tantos instantes de ausencia, los días de separación, las respuestas a mis preguntas.

De niño me fascinaba salir a caminar al amanecer por las cercanas montañas para escuchar las gotas de rocío golpear el suelo después de su invisible caída desde los árboles. Probablemente eran unos 3 o 4 kilómetros los que recorría.

Esta vez, serían 4 mil kilómetros en cinco días, porque deseaba recibir el Año Nuevo 2017 en Guatemala en señal de un nuevo comienzo, en un nuevo reencuentro con mis raíces.

No viajé solo.

Después de 30 años sin una mascota, desde la muerte de mi perro Dinky, me obsequiaron uno, mezcla de *cocker spaniel* y *golden retriever*, denominado *sports retriever* el cual venia con el nombre de *Blaze*, que me pareció ideal para un compañero lleno de energía y buenas vibras.

En aquellos cinco días de camino, con casi 20 horas diarias en ruta, recogí en mis pupilas y memoria un maravilloso álbum de impresiones, una galería de cielos abiertos, soles intensos y noches de incontables constelaciones a medio desierto, como cuando vivía en Santa Eulalia, como la noche en que crucé la frontera entre México y Estados Unidos.

Amaneceres de nueva vida que se convertían en mañanas frescas y luego en mediodías deslumbrantes, por caminos solitarios.

—¡Madre, tú también puedes ver esto, porque ahora vienes aquí en mi corazón! —pensé.

Hice una parada frente al Gran Cañón del Colorado, en Arizona. Lugar emblemático, silencioso, milenario, que se ha formado a lo largo de grandes eras que apenas podemos imaginar.

Frente a los interminables campos de algodón de Texas recordé las historias de sudor y esfuerzo que mi papá nos contaba acerca de los meses en que iba a trabajar a la finca algodonera de Tiquisate, Escuintla, en Guatemala, para ganar la subsistencia en tiempos difíciles. Era toda una metáfora de la vida admirar aquella florescencia[53] tan blanca, tan frágil, tan suave del algodón, que a la vez tenía esas temibles espinas.

El paso sobre el puente del río Mississippi ocurrió durante otro ocaso y fue como un túnel del tiempo. El brillo del agua me recordó el río donde asustaron a mi Dinky; el horizonte me trasladó hasta aquella primera vez frente a las olas del océano en la excursión escolar; el reflejo místico del sol me llevó hasta el sitio donde mi madre descansa para siempre.

Terminé a tiempo el recorrido y despegué hacia Guatemala, justo a tiempo para dar la bienvenida al 2017.

Me queda clarísimo por qué los mayas somos un pueblo de ciclos cósmicos, matemáticos, labrados en piedra, escritos sobre la tierra y también en el corazón. Nuestra cosmovisión tiene un concepto circular del tiempo que es permanente esperanza de renovación.

Los q'anjob'ales provenimos de las migraciones que se dieron después del colapso de los reinos de las Tierras Bajas Mayas probablemente hacia el siglo X; aquellos antiguos pobladores se asentaron en las montañas de los Cuchumatanes y los primeros registros del pueblo de Santa Eulalia datan del siglo XVI, aunque se supone una mayor antigüedad para el origen del Jolon Konob, en lengua q'anjob'al la Cabeza del Pueblo, cuya historia permanece en la memoria con voz de viento:

"Queridos hijos: en un amanecer lejano cuando las últimas estrellas se apagaban en el brillo del día, una hermosa doncella se nos apareció en el caminar. Estábamos en busca de un lugar para asentar a nuestras familias, criar a nuestros niños, pastorear nuestros animales, sembrar nuestras milpas y ver florecer nuestro destino como pueblo q'anjob'al.

La doncella nos condujo con su dulce voz a través de brisas y lloviznas entre los altos pinos, cipreses y hormigos que le dieron la voz a

---

[53] XumaK, en Q'anjob'al

nuestras marimbas. El sol murió y revivió mientras aquella hermosa princesa caminaba junto a nosotros montaña arriba, montaña abajo, hasta que llegamos a una llanura hermosa, cruzada por ríos de cielo, flores en las laderas y árboles que tocaban las nubes.

—Aquí pueden quedarse, pero primero pidan permiso a los divinos dueños de los trece cerros para criar a sus niños, pastorear a sus animales, sembrar sus milpas y escribir sus destinos —nos dijo la muchacha.

Nos pidió que nunca nos olvidáramos de ella ni del largo viaje. Le prometimos recordarla siempre y contar su historia a los hijos de nuestros hijos. Su nombre: Santa Eulalia.

Nos aconsejó siempre pedir permiso a los grandes dueños para cortar pinos para construir nuestras casas y para mantener el fuego vivo; nos invitó a pedir perdón siempre que derribáramos algunos cipreses para abrir campos de cultivo, y a dar gracias al poder usar los hormigos para hacer música en nuestros días de fiesta o de pesar.

Las cosechas abundaron, trabajamos duro, creció el pueblo, pero vinieron los kapnales—pobladores agresivos de los cerros, a atacarnos, a robar a nuestro maíz. Fue duro, nos hostigaron hasta que Eulalia nos mandó a buscar otro sitio para establecer el pueblo y que ella iría con nosotros. Fue así como, para protegernos, dejamos atrás el Paiconop[54].

Los ancianos perdieron la imagen de la doncella hasta que la encontraron en un cerro alto. La recogieron, y la llevaron a los rezadores, quienes la devolvieron al Paiconop, al Viejo Pueblo, pero al otro día se escondió. Volvieron a encontrarla en el cerro empinado y ella les dijo que allí era donde quería su templo y a todos nosotros alrededor, para poder cuidarnos. Y fue así como el pueblo de Santa Eulalia quedó en su actual ubicación."

---

[54] Viejo pueblo, en Q'anjoba'l

Mi padre Marcos regresó al pueblo cuando tenía 14 años, después de haber aprendido a reparar radios y otros aparatos eléctricos en la capital de Guatemala. Se fue a la gran ciudad sin saber que encontraría aquel destino desconocido, pero siempre supo que iba a regresar. Yo tenía 14 años cuando emigré de Santa Eulalia a Estados Unidos para reunirme con mi familia.

Mamá Lucín Cuxin vivió y luchó por devolver tanto amor a su tierra, a su gente. Viajé en varias ocasiones con ella a Santa Eulalia para entregar mochilas con cuadernos, lápices, sacapuntas, crayones y muchas ilusiones a los niños de varias aldeas como Nancultac, donde nacimos mi abuelo, mi padre y yo o en Chibal Chiquito, donde ella nació, nació mi abuela y siguen naciendo las mañanas llenas de rocío. Seguimos impulsando proyectos educativos, uno de ellos en Cocolá Grande, en donde los jóvenes no tenían cómo estudiar el ciclo básico y el bachillerato y ahora ya cuentan con esa oportunidad, mediante proyectos auto sostenibles.

Mamá Lucía sonreía radiante una de aquellas mañanas en que la gente abrazaba a la niña que se había marchado hacía décadas.

Por eso, el pueblo de Santa Eulalia se volcó a las calles para su sepelio. Las flores cubrieron su tumba y la convirtieron en un monumento de amor y gratitud a la vida. Ella descansa entre sus amados cerros y neblinas, junto a sus ancestros, que son de ella y son nuestros. Se cerró un ciclo, pero que no es el último porque las eras siguen girando, nuestras vidas continúan siendo ecos de generaciones.

Yo soy Marcos Andrés Antil. Aquel niño cuyo ombligo quedó colgado de un árbol de Nancultac que sigue siendo el punto desde el cual se marca mi Norte, mi Sur, mi Este y mi Oeste. Dentro de mí hay sangre de muchos hermanos del mismo pueblo, muchos que emigraron a otros países por la guerra y la adversidad, muchos que murieron sin haber podido ver sus sueños cumplidos. Marcos precedentes, Marcos luchadores, Marcos servidores. Todos somos Marcos.

Sigo mi camino en los rumbos de la tecnología digital global sin perder de vista que mi origen está al pie de aquella ladera donde aún sonríen las mazorcas de maíz y brillan al sol las calabazas al final de la cosecha. Busco nuevos horizontes de emprendimiento empresarial sin olvidar que miles de niños y jóvenes guatemaltecos han padecido de carencias alimentarias y educativas que les han impedido labrarse un futuro. Persigo metas más altas que las que he conseguido, porque soy heredero de la cultura maya, porque llevo en mi ADN el alma q'anjob'al y porque soy orgullosamente nacido en Guatemala, tierra dichosa, tierra sufrida, la tierra del sagrado Quetzal.

ACERCA DEL AUTOR

Yo soy Marcos Antil, guatemalteco, maya q'anjob'al, migrante, padre de familia, empresario tecnológico, fundador de la compañía XumaK en Estados Unidos, Colombia y Guatemala. Con clientes en más de 25 países entre los cuales figuran empresas del *Fortune 500*. Nací y crecí en Santa Eulalia, Huehuetenango, Guatemala; a los 14 años migré indocumentado a EE. UU. sin la compañía de algún familiar, huyendo de la guerra —como lo siguen intentando miles de menores de la región para huir de la pobreza, el hambre y la violencia criminal—. Estudié la secundaria y la universidad en California. Trabajé como ayudante de jardinero los fines de semana y así encontré una inesperada conexión hacia la industria tecnológica. Emprender ese camino me llevó a superar límites que parecían insuperables, para transformar mi realidad, la de mi familia y la de mi comunidad.

Esta es mi historia.

Impreso en Guatemala

Septiembre de 2019